ESPAÑA Y LOS ESPAÑOLES

SECOND EDITION

ESPAÑA

JOSÉ F. CIRRE

MANUELA M. CIRRE

Wayne State University

Y LOS ESPAÑOLES

SECOND EDITION

Holt, Rinehart and Winston

New York   Chicago   San Francisco   Dallas
Montreal   Toronto   London   Sydney

ILLUSTRATION CREDITS

1 Helena Kolda; 2 © C. S. Hammond & Co., New York; 4-6 Foto Mas; 7 Ediciones Sicilia, Zaragoza; 8 Michael Wolgensinger, Zürich; 11 Dirección General del Turismo; 13 Michael Wolgensinger, Zürich; 17 Three Lions; 18 Foto Mas; 20 Dirección General del Turismo; 22-26 Foto Mas; 29 Caisse Nationale des Monuments Historiques; 30-32 Helena Kolda; 34 EPA, Zaragoza; 36 The Hispanic Society of America; 38 Foto Mas; 39 Biblioteca Nacional, Madrid; 41 Foto Mas; 43 New York Public Library; 44-47 Foto Mas; 48 The Hispanic Society of America; 50-78 Foto Mas; 79 The Hispanic Society of America; 80 Museo del Prado; 83 Helena Kolda; 84 Foto Mas; 88 Pan American Union; 90-126 Foto Mas; 127 Ediciones Sicilia, Zaragoza; 129 On extended loan to the Museum of Modern Art, New York, from the artist, M. Picasso; 131-153 Helena Kolda; 137 Charles Marden Fitch, Taurus Photos; 154 EPA; 162 Russell Thompson, Taurus Photos; 156-157 Ministerio de Información y Turismo; 159 Peter Buckley; 161-165 Helena Kolda; 166 EPA; 167 The Hispanic Society of America; 170 EPA; 171 Foto Mas; 174 Helena Kolda; 178 Peter Buckley; 179 Charles Marden, Taurus Photos; 181 Robert Rapelye, EPA; 183 Courtesy of the Metropolitan Museum of Art, Gift of the Chester Dale Collection, 1955; 184 Foto Mas; 185 Museum of Modern Art, Mrs. Simon Guggenheim Fund; 187 Monkmeyer Press Photo.

MAP: L. M. Kobbé

Library of Congress Cataloging in Publication Data

Cirre, José Francisco.
  España y los españoles.

1. Spanish language—Readers—Spain—Civilization.
2. Spain—Civilization—Addresses, essays, lectures.
I. Cirre, Manuela Manzanares, 1910-   joint author.
II. Title.
PC4127.S63C5   1981   468.6′421   80-23274
ISBN 0-03-058051-X

ÍNDICE

Primera parte ESPAÑA HISTÓRICA

Segunda parte   LA ESPAÑA DE HOY

PREFACE

España y los Españoles is for second-year college students as well as for advanced students in high school. Therefore we have tried to use a comparatively simple vocabulary and to avoid difficult or unusual expressions and idioms.

Our main concern has been to present an accurate and readable text on the history and civilization of Spain, followed by a panorama of the country in our time. At the end of each chapter there is a list of questions to be answered in Spanish in order to help develop the oral proficiency of the student.

Since *España y los Españoles* is an introductory book, we do not pretend to cover everything in detail and we limit ourselves to emphasizing the most significant events and facts.

We hope that our book will serve two purposes: to make the readers aware of how Spain has contributed to the culture and historical evolution of mankind, and, at the same time, to give them an opportunity to practice the language.

We sincerely thank Professor Francisco García Lorca and the New Directions Publishing Co. for permission to reproduce García Lorca's poem "Canción del Jinete".

A WORD ABOUT THE SECOND EDITION

The second edition of *España y los Españoles* is designed to provide professors and students with an up-to-date panorama of Spain. This reader now reflects the social and political reforms of the last ten years. All figures and facts have been altered so as to present a true picture of Spain of today. Where appropriate, exercise questions have been rewritten to correspond to the new texts.

J.F.C.
M.M.C.

ESPAÑA Y LOS ESPAÑOLES

SECOND EDITION

Los primeros tiempos

*E*spaña se encuentra en la Península Ibérica, la más occidental de las tres penínsulas meridionales[1] de Europa. Situada entre el Mediterráneo y el Atlántico, separada de Africa por el Estrecho de Gibraltar y de Francia por los montes Pirineos, la Península forma una perfecta unidad geográfica. El territorio español cubre algo más de las cinco sextas partes de la Península y Portugal, colocado al oeste de España, ocupa el resto. Al norte, en un valle de los Pirineos, entre Francia y España, se halla la pequeñísima república de Andorra, que mide[2] unas 240 millas cuadradas, y al sur la ciudad de Gibraltar, colonia inglesa y base naval importante en el estrecho de su nombre, con veinticinco mil habitantes y dos millas cuadradas de superficie.[3] Toda la Península pertenece a la zona templada pero, gracias a sus montañas, llanuras y mesetas y a la influencia de los vientos y corrientes marítimas, el territorio peninsular presenta una notable diversidad de climas que hacen de él uno de los lugares más variados de Europa en cuanto a paisaje[4] y vegetación.

La situación especial de la Península ha determinado su complicada historia. Desde la más remota antigüedad ha actuado como puente entre los continentes africano y europeo y muy a menudo se ha visto invadida[5] desde el norte y desde el sur. Por otra parte,[6] los pueblos marítimos del

---

[1] meridionales = del sur
[2] mide (medir) *measures*
[3] dos millas cuadradas de superficie *two square miles in area*

[4] paisaje *landscape*
[5] muy a menudo se ha visto invadida = con mucha frecuencia ha sido invadida
[6] por otra parte = además

Mediterráneo, casi desde la prehistoria, exploraron sus costas y establecieron colonias en ellas. Esta mezcla de gentes y civilizaciones a lo largo de[7] los siglos ha hecho que la raza y la cultura de España y Portugal ofrezcan peculiaridades propias,[8] diferentes de las generales de Europa.

Ya en el período paleolítico se nota esta fusión de elementos. Mientras 5 en el norte de la Península se desarrolla la llamada «cultura magdaleniense», de procedencia europea, en el sur y en el este surge la «cultura capsiense» de origen africano. La Cueva de Altamira, en le norte, con sus pinturas realistas de bisontes, jabalíes y otros animales, forma verdadero contraste con la Cueva de Alpera, en el sureste, con sus dibujos estilizados 10 que representan hombres y mujeres, danzas y escenas de caza.[9]

Se calcula que las pinturas de Altamira y Alpera datan de[10] miles de años. En los albores[11] de la historia de Occidente—entre los años 1000 y 300 antes de Cristo—sabemos que España se encontraba ocupada por numerosas tribus de origen ibérico y celta que se mezclaron y formaron el 15 pueblo celtíbero en la meseta central. Estas tribus eran muy guerreras,[12] se dedicaban a la ganadería[13] y a la caza, vivían en los campos, adoraban dioses que personificaban las fuerzas naturales y solían[14] tener lugares fortificados donde reunían sus asambleas en tiempo de paz y donde se refugiaban en tiempo de guerra. 20

En el suroeste, poblado por los llamados tartesios, la civilización estaba más avanzada. Los tartesios cultivaban la tierra, explotaban las minas, tenían ciudades y, al parecer, una organización política y social compleja.

---

[7] a lo largo de = durante
[8] propias = especiales
[9] caza *hunting*
[10] datan de = fueron hechas hace

[11] en los albores = al principio
[12] guerreras *warlike*
[13] ganadería *animal husbandry*
[14] solían = acostumbraban

4

La Cueva de Altamira

La Cueva de Alpera

En conjunto, España era una región poco poblada, abundante en minerales y de extensas costas. Los fenicios y los griegos, que por entonces eran dados a[15] la navegación y al comercio, descubrieron España y establecieron colonias en el litoral[16] que les sirvieron de factorías mer-
5 cantiles. Los fenicios pasaron el Estrecho de Gibraltar y fundaron Cádiz en el Atlántico. Desde allí navegaron hasta Inglaterra y hasta las costas tropicales de África. De manera que Cádiz vino a convertirse en[17] un centro de intercambio que almacenaba[18] los productos agrícolas, pesqueros y mineros de España, el estaño[19] de Inglaterra y ciertas mercaderías
10 africanas y allí llegaban también los artículos manufacturados en Asia Menor embarcados en Tiro y Sidón, las grandes ciudades de Fenicia.

En el siglo III antes de Cristo, los cartagineses, pueblo de origen fenicio establecido en el norte de África, en su primera guerra contra los romanos perdieron Sicilia. Para compensar esta pérdida ocuparon la
15 parte sur y este de la Península Ibérica. Fundaron Cartagena para capital de su dominio y explotaron las minas y riquezas del país. Cuando habían consolidado su conquista uno de sus jefes, Aníbal, atacó una ciudad de la costa española, Sagunto, protegida por Roma. La guerra que siguió (segunda guerra púnica) fue larga y dura. Aníbal invadió Italia, pero los
20 romanos terminaron por vencer a los cartagineses y penetraron en España a fines del siglo III antes de Cristo.

---

[15] eran dados a = practicaban
[16] litoral = territorio en la costa
[17] vino a convertirse en = llegó a ser

[18] almacenaba (almacenar) *stored*
[19] estaño *tin*

5

La Dama de Elche

IBEROS Y ROMANOS

«El orgullo[20] local que no permitía a los iberos unirse en un lazo[21] común para repeler las agresiones venidas de fuera, alcanzaba entre ellos muy alto grado y a esto unían un temperamento versátil. Eran amigos de asaltos y golpes de mano,[22] pero no se unían para empresas[23] mayores, ni se confederaban. De haberlo hecho[24] no hubieran podido dominar sus tierras ni los cartagineses, ni los celtas, ni los romanos. Estos vencieron una a una las tribus, y aunque tardaron más de doscientos años en lograrlo[25] terminaron por poseer enteramente el territorio.»

(De un texto del geógrafo griego Strabón referente a España)

---

[20] orgullo *pride*
[21] lazo *bond*
[22] eran amigos de asaltos y golpes de mano = les gustaban los ataques por sorpresa

[23] empresas *undertakings*
[24] de haberlo hecho = si lo hubieran hecho
[25] lograrlo = conseguirlo

PREGUNTAS

1 *¿ Dónde se encuentra España?*
2 *¿ Qué otros países hay en la Península Ibérica?*
3 *¿ Qué factores modifican el clima español?*
4 *¿ Entre qué continentes ha servido España de puente?*
5 *¿ Por qué es peculiar España?*
6 *¿ En qué se diferencian los magdalenienses y los capsienses?*
7 *¿ De qué mezcla proceden los celtíberos?*
8 *¿ Cómo vivían los celtíberos?*
9 *¿ Quiénes eran los tartesios?*
10 *¿ Por qué fue importante Cádiz?*
11 *¿ Cómo empezó la segunda guerra púnica?*
12 *¿ Cuándo ocuparon España los romanos?*
13 *¿ Qué opinión tenía Strabón de los iberos?*
14 *¿ Por qué los pudieron conquistar otros pueblos?*

Ruinas romanas de Numancia

El acueducto de Segovia

2

Romanos y visigodos

*D*espués de la victoria contra Cartago, Roma ocupó fácilmente el sur y el este de España, pero cuando los romanos intentaron someter el interior de la Península, las tribus indígenas[1] ofrecieron fuerte resistencia. Los indígenas, muy diestros[2] como guerrilleros,[3] produjeron graves
5 quebrantos[4] al ejército romano, especialmente en Numancia, ciudad que los invasores no pudieron tomar en varios años y que terminó siendo destruída e incendiada por sus propios defensores.

La dominación romana en España duró, aproximadamente, seis siglos (del II antes de Cristo hasta principios del V después de Cristo). Los
10 romanos llevaron a la Península su civilización, cultura, costumbres y lengua que los españoles, especialmente los de las regiones más adelantadas,[5] no tardaron en adaptar. Este proceso se ha llamado «romanización». Los romanos fundaron numerosas ciudades, engrandecieron otras, construyeron carreteras, puentes, acueductos, templos, circos, teatros,
15 mercados y edificios administrativos. Mejoraron la agricultura, explotaron las minas y desarrollaron el comercio y la industria. Las tres provincias en que España fue dividida figuraron entre[6] las más ricas del Imperio. Los metales, trigo, aceite, vino y lana de España se exportaban a Italia y a otros lugares del Mediterráneo.

---

[1] indígenas = nacidos en el país
[2] muy diestros = muy hábiles
[3] guerrilleros *partisans*
[4] graves quebrantos = grandes pérdidas

[5] más adelantados = más civilizados
[6] figuraron entre = fueron considerados como

Séneca

Los grandes centros de la España romana, como Mérida, Tarragona, Córdoba y Sevilla, conservan todavía gran cantidad de monumentos y restos de aquella época. En ellos se hizo vida[7] muy semejante a la de Roma. A muchos españoles, y a veces a comarcas[8] enteras, se les concedieron los beneficios de la ciudadanía[9] romana y desde el tiempo de Augusto hasta las invasiones bárbaras la paz no se interrumpió en el país. La instrucción se difundió[10] mucho y existieron escuelas públicas— elementales y secundarias—en casi todos los pueblos importantes.

La influencia de Roma fue tan profunda y la asimilación de los españoles tan completa que España dio al mundo romano algunos de sus mejores emperadores, como Trajano, Adriano y Teodosio, y también algunos de sus escritores más conocidos. El filósofo Séneca, el poeta Lucano y el satirista Marcial nacieron en España.

Durante el siglo I de nuestra era apareció en la Península el Cristianismo. La tradición asegura[11] que el apóstol Santiago fue el primero en predicar en España las doctrinas de Cristo. Muy pronto gran número de españoles se convirtieron a la nueva fe.[12] Sufrieron graves persecuciones y martirios hasta el siglo IV, en que se les concedió libertad para seguir su culto. A fines de ese siglo, el emperador español Teodosio proclamó[13] el Cristianismo religión oficial del Imperio.

En los últimos tiempos de la dominación romana, el Imperio, antes tan poderoso, comenzó a desintegrarse en Italia y en las provincias. Las causas fueron unas de índole interna[14]—trastornos políticos, empobrecimiento económico—y otras debidas a la presión[15] que los germanos, eslavos

---

[7] se hizo vida = vivieron de manera
[8] comarcas = regiones
[9] ciudadanía *citizenship*
[10] se difundió = se extendió
[11] la tradición asegura = según la tradición

[12] se convirtieron a la nueva fe = se hicieron cristianos
[13] proclamó (proclamar) = ordenó que fuera
[14] de índole interna = interiores
[15] debidas a la presión *because of the pressure*

y asiáticos (pueblos llamados «bárbaros», es decir, extranjeros) ejercían sobre las fronteras. A partir del[16] siglo II, los romanos trataron de asimilar a algunos de los bárbaros germanos que ocupaban el centro y el norte de Europa, tomándolos como tropas auxiliares contra otros bárbaros y
5 concediéndoles[17] ciertos territorios. Pero el ejército romano, cada día más[18] indisciplinado y descontento, y la mala situación interior determinaron que no se pudieran evitar las invasiones violentas. Hacia el año 409 entraron en España los alanos, suevos y vándalos, seguidos, poco después, por los visigodos.

10 De estos pueblos germánicos, los vándalos pasaron a África y los visigodos, que ya estaban latinizados,[19] poco a poco se hicieron dueños del país. Uno de sus reyes, Leovigildo, unificó el territorio y estableció la capital en Toledo. En el 587 su hijo Recaredo, que le había sucedido en el trono, se convirtió al catolicismo. Antes los visigodos habían profesado el arrianismo,
15 secta cristiana de origen oriental, mientras que los hispanorromanos eran católicos. La conversión de Recaredo suprimió las diferencias religiosas. El rey estableció una asamblea de obispos y nobles en Toledo que se reunían con frecuencia para proponer leyes y aconsejar al monarca. Estas asambleas, llamadas Concilios de Toledo, duraron hasta el final del período
20 visigodo.

La invasión de los bárbaros representa[20] una decadencia cultural y económica. Las ciudades se hicieron más pequeñas, la mayor parte de las

---

[16] a partir de = desde
[17] concediéndoles (conceder) = dándoles
[18] cada día más *more and more*

[19] que ... latinizados = que ya tenían costumbres romanas
[20] representa = significa

Iglesia visigoda

11

gentes volvieron a los campos y la existencia se hizo[21] insegura y difícil. Visigodos e hispanorromanos conservaron sus propias costumbres y las leyes otorgaron[22] a los conquistadores toda clase de privilegios. Entre las pocas figuras intelectuales[23] que ofrece la época visigoda, la más notable es la de San Isidoro, arzobispo de Sevilla, que en sus *Etimologías*, trató de 5 reunir los conocimientos del mundo antiguo para transmitirlos a los hombres de su tiempo.

Desde principios del siglo VIII un nuevo pueblo, los árabes, que acababan de establecerse en el norte de África, intentaron pasar a España. En el 711 desembarcaron en Gibraltar. El último rey visigodo, Rodrigo, 10 les presentó batalla[24] a orillas del río Guadalete. Los árabes, ayudados por algunos visigodos contrarios a[25] Rodrigo, ganaron el combate y en pocos años se adueñaron de[26] España.

Arte visigodo

RODRIGO Y LA CAVA

La entrada de los árabes y la rapidez con que conquistaron 15 España se explicó por una leyenda que carece de fundamento histórico,[27] pero que, en la Edad Media y más tarde, tuvo mucha fortuna[28] como tema literario, dando origen a una serie de romances[29] y otras obras.

Según esta leyenda, el Conde Don Julián, vasallo del rey 20 visigodo y gobernador de Ceuta, en el lado africano del Estrecho, tenía una hija hermosísima llamada Florinda (o la Cava). La Cava visitó Toledo. Don Rodrigo se enamoró de ella y la sedujo. Entonces Don Julián, para vengar su honor, entregó Ceuta a los árabes y permitió así que pasaran a la Península y derrotaran 25 a Rodrigo.

---

[21] la existencia se hizo = la vida llegó a ser
[22] otorgaron (otorgar) = dieron
[23] figuras intelectuales = hombres de letras
[24] les presentó batalla = combatió contra ellos
[25] contrarios a = enemigos de
[26] se adueñaron de   *were in possession of*
[27] carece de fundamento histórico = no tiene base histórica
[28] tuvo mucha fortuna = tuvo mucho éxito
[29] romances   *ballads*

PREGUNTAS

1 *¿Qué tribus ofrecieron más resistencia a los romanos?*
2 *¿Qué suerte corrió Numancia?*
3 *¿A qué se llama romanización?*
4 *¿Por qué prosperó España bajo los romanos?*
5 *¿Qué productos exportaba España?*
6 *¿Qué vida se hacía en la España romana?*
7 *¿Qué emperadores dio España a Roma?*
8 *¿Quién predicó el Cristianismo en España?*
9 *¿Cuáles fueron las causas de la decadencia romana?*
10 *¿Cuándo entraron en España los visigodos?*
11 *¿Qué hizo Leovigildo?*
12 *¿Por qué es importante Recaredo?*
13 *¿Qué fueron los Concilios de Toledo?*
14 *¿Qué son las* Etimologías*?*
15 *¿Cuál es la leyenda de Rodrigo y la Cava?*
16 *¿A qué dio origen esta leyenda?*

Córdoba: puente romano

La Alhambra

3

Los árabes

*L*a conquista de España por los árabes se efectuó[1] con gran rapidez. La falta de resistencia se explica por la desorganización del estado visigodo y la tolerancia de los árabes para con los hispanorromanos que cuando se convertían a la religión musulmana, profesada por[2] los invasores, conseguían una situación social ventajosa.[3] Con los árabes llegaron otros musulmanes: moros del norte de África y sirios del Asia Menor.

Los árabes establecieron su capital en Córdoba. Pronto se hicieron independientes del Imperio de Damasco, en cuyo nombre habían conquistado la Península, y en el siglo X, el más ilustre de sus reyes, Abderrahmán III, se proclamó Califa. Este título le hacía jefe de la religión además de rey. Abderrahmán transformó Córdoba que llegó a ser[4] la más brillante y civilizada ciudad de Europa y el mayor centro científico y literario de aquel período. La Mezquita Mayor, templo principal de Córdoba, fue agrandada y embellecida. Abderrahmán creó bibliotecas, construyó la ciudad de Medina Azzahara, cerca de Córdoba, para residencia de la Corte, dotó a la capital[5] de magníficos parques y jardines, organizó una administración pública eficaz y responsable y tuvo el ejército y la marina de guerra[6] mejor equipados[7] de todo el Occidente. Al mismo tiempo se preocupó de proteger la agricultura y estimular la industria y el comercio. De esta manera la España árabe resultó extraordinariamente poderosa y rica.

El último gran caudillo de Córdoba, Almanzor, murió en el año 1002. Poco después el Califato se fraccionó[8] en pequeñas monarquías, llamadas «Reinos de Taifas», que no pudieron resistir el empuje de los cristianos

---

[1] se efectuó (efectuarse) = ocurrió
[2] profesada por = que era la de
[3] ventajosa = mejor
[4] llegó a ser *became*

[5] dotó a la capital de = mandó hacer en la capital
[6] marina de guerra *navy*
[7] mejor equipados = mejor armados
[8] se fraccionó (fraccionarse) = se dividió

15

del norte. Dos invasiones africanas en apoyo de[9] los musulmanes españoles —la de los Almoravides y la de los Almohades—lograron contener, temporalmente, a los cristianos. Pero, desde mediados del siglo XIII sólo quedó a los árabes el reino de Granada, en el sureste de España, que logró mantener su independencia hasta 1492. Los árabes tuvieron el talento de [5] incorporar a su cultura las de los pueblos conquistados y hacer de todas ellas un conjunto. A esto se debieron[10] sus progresos en las ciencias. Así, por ejemplo, en matemáticas sustituyeron los números romanos por los actuales, facilitando toda clase de operaciones.[11] Incorporaron el cero al sistema numeral y descubrieron el álgebra. En medicina realizaron[12] otros [10] descubrimientos y perfeccionaron la cirugía. En química lograron destilar[13] el alcohol. Hubo entre ellos botánicos, geógrafos e historiadores muy distinguidos. Destacaron[14] aún más en filosofía. Dos de sus grandes médicos, Maimónides, un judío, y Averroes, un musulmán, ambos cordobeses, fueron también grandes filósofos. Especialmente Averroes [15] que reintrodujo en[15] Europa la filosofía griega con sus estudios e interpretaciones de Aristóteles.

En literatura, sobre todo en poesía, escribieron obras notables. La pintura y la escultura no prosperaron entre ellos por ser su religión contraria a[16] la representación de la figura humana. En cambio, en arqui- [20] tectura desarrollaron un nuevo estilo a base de arcos de herradura,[17] cúpulas, columnas delgadas y elegantes, zócalos[18] de azulejos,[19] paredes decoradas con máximas[20] del Corán, el libro sagrado de su religión, y techos de madera labrada[21] o de estuco que imita estalactitas pintadas de colores vivos. Concedieron gran atención a los jardines y a los estanques y [25] surtidores,[22] tanto fuera como dentro de las casas y palacios que edificaron. En arquitectura militar levantaron[23] impresionantes fortificaciones y castillos. Estas fortalezas resultaron prácticamente inexpugnables.[24] Los monumentos más conocidos y mejor conservados que han dejado los árabes en España son la Mezquita de Córdoba, la Giralda de Sevilla y la [30] Alhambra y el Generalife en Granada.

---

[9] en apoyo de = en ayuda de
[10] a esto se debieron = éste fue el motivo de
[11] operaciones = cálculos matemáticos
[12] realizaron = hicieron
[13] lograron destilar = destilaron
[14] destacaron (destacar) = sobresalieron
[15] reintrodujo en = volvió a llevar a
[16] por ser su religión contraria a *because their religion forbade*

[17] arcos de herradura *horseshoe arches*
[18] zócalo *base of a column, pedestal, or wall*
[19] azulejos *glazed, colored tiles*
[20] máximas *quotations*
[21] labrada *carved*
[22] estanques y surtidores *pools and ornamental fountains*
[23] levantaron (levantar) = construyeron
[24] inexpugnables = imposibles de conquistar

La Mezquita de Córdoba

Uno de los pasatiempos favoritos de los árabes fue la música y la perfeccionaron en todos los aspectos. Introdujeron nuevos instrumentos musicales e inventaron otros.

La fabricación del papel y el carácter cursivo de la escritura árabe
⁵ permitieron la difusión de los libros y la creación de bibliotecas.

Fueron los musulmanes agricultores muy hábiles. Implantaron[25] un sistema de riegos y emplearon los abonos.[26] Así pudieron cultivar con intensidad las tierras y aumentar el rendimiento de los campos. Trajeron del Oriente nuevos árboles frutales, la seda, el algodón y la caña de
¹⁰ azúcar. Como industriales se distinguieron en la manufactura de aceros y armas de acero muy flexibles, cueros labrados, tejidos de seda, algodón y lana, muebles incrustados en marfil y nácar.[27] También fabricaron, como ya hemos dicho, por vez primera en Europa, el papel. Trabajaron el vidrio y el cristal y fueron expertos en el arte de la joyería.

¹⁵ Industriales y comerciantes se agrupaban en calles estrechas en el centro de las ciudades que formaban el llamado «Bazar». En los bazares solía haber siempre gran animación y acudían a ellos[28] no sólo las gentes de la ciudad sino visitantes de otros lugares o extranjeros. Los extranjeros se alojaban en «Fondaks», especie de posadas con un patio central,
²⁰ rodeado de varios pisos de galerías a las que daban las habitaciones.

Las mujeres salían menos que los hombres y, casi siempre, iban veladas.

---

[25] implantaron (implantar) = organizaron
[26] abonos *fertilizers*

[27] incrustados en marfil y nácar *inlaid with ivory and mother-of-pearl*
[28] acudían a ellos = iban

Además de los musulmanes en la España árabe vivían numerosos judíos que se dedicaban, en general a las profesiones liberales y al comercio. También eran numerosos los cristianos, llamados mozárabes, que conservaban su religión y que, hasta el siglo X, hablaban entre sí una lengua derivada del latín.

En España la cultura árabe ha dejado una influencia manifiesta, sobre todo en el sur. Esta influencia ha afectado el espíritu, las costumbres y la manera de ser de los españoles. También ha influído en el idioma. Se calcula que el siete por ciento de las palabras españolas tienen raíces árabes.

La Giralda

MAHOMA Y EL ISLAM

Los árabes procedían de una península llamada Arabia situada en el suroeste de Asia. El país está cubierto de estepas y desiertos y el medio geográfico hizo que la mayoría de las tribus árabes fueran nómadas y guerreras y que sus principales ocupaciones consistieran en el pastoreo[29] y el comercio. Durante largos siglos habían mantenido contacto con otros pueblos y civilizaciones y habían desarrollado una cultura peculiar y de cierto refinamiento. Su ciudad principal era la Meca a la que consideraban centro espiritual de su raza. En la Meca nació Mahoma, hombre de tendencias místicas que concibió la idea de unir a su pueblo por medio de una religión común: el Islam.

[29] pastoreo = cuidado de los ganados en el campo

Mahoma predicó esta nueva doctrina que contiene bastantes elementos cristianos y judíos y que no admite más que un sólo Dios: Allah. El Islam prescribe, también, algunas prácticas piadosas como la oración, el ayuno y la limosna. La doctrina
5 islámica está contenida en el Corán, el libro santo del Islam. Los seguidores de esta doctrina se conocen con el nombre de musulmanes.

Mahoma, perseguido al principio, tuvo muchos discípulos y prometió el Paraíso a aquellos que muriesen combatiendo por
10 la nueva fe. A su muerte, en 640, Arabia estaba unificada. Los sucesores de Mahoma se llamaron Califas y ejercían poder civil, militar y religioso. Rápidamente formaron un inmenso imperio que comprendía gran parte de Asia Menor, el norte de África, Persia y otras zonas de Asia. Su entusiasmo religioso
15 hizo posible no sólo la conquista de tantos territorios sino la conversión al Islam de millones de habitantes en los países conquistados. En 711 los árabes llegaron a España. Poco después, y por unos años, penetraron en el sur de Francia.

PREGUNTAS

1 ¿Por qué no encontraron los árabes resistencia en España?

2 ¿Dónde y cuándo se proclamó Abderrahmán Califa?

3 ¿Qué fue Medina Azzahara?

4 ¿Qué reformas llevó a cabo Abderrahmán?

5 ¿Qué fueron los Reinos de Taifas?

6 ¿Cuál fue y hasta cuándo duró el último reino árabe español?

7 ¿Qué hicieron los árabes en matemáticas?

8 ¿Quiénes fueron Maimónides y Averroes?

9 ¿Por qué los árabes no cultivaron la pintura o la escultura?

10 ¿Por qué se difundieron los libros y las bibliotecas?

11 ¿Qué trajeron los árabes de Oriente a España?

12 ¿Qué es un Bazar?

13 ¿Quiénes eran los mozárabes?

14 ¿Qué influencias han dejado los árabes en España?

15 ¿Cómo vivían los árabes antes de Mahoma?

16 ¿Por qué era importante la Meca?

17 ¿Quién fue y qué hizo Mahoma?

18 ¿Qué es el Islam?

4 *La Edad Media:*

evolución de la España cristiana

La Catedral
de León

LOS COMIENZOS. Cuando los árabes ocuparon España, unos pocos nobles y señores visigodos se refugiaron en las montañas del norte de la Península y desde allí, a principios del siglo VIII, iniciaron las hostilidades contra los invasores.

5   Esta reconquista, como se la llama, no surgió[1] en un sólo territorio, pero el primer núcleo de resistencia, y el más organizado, apareció en Asturias, al noroeste de la Península, donde los cristianos al mando de un caudillo,[2] Pelayo, obtuvieron su primera victoria sobre los árabes en el lugar de Covadonga. Desde allí y en siglos sucesivos se extendieron hacia el sur,
10 ocupando Galicia, León y el norte de Castilla y formando diversos pequeños reinos y principados que se unían y separaban hasta terminar, a fines del siglo XI, por fundirse[3] todos definitivamente en el reino de Castilla.

En el centro de los Pirineos, en la región vasca, se constituyó del mismo
15 modo una monarquía de menor extensión: la de Navarra. Hacia el este, el emperador francés Carlomagno invadió Cataluña a fines del siglo VIII y fundó la Marca Hispánica. Entre Navarra y la Marca Hispánica se fue desarrollando el reino de Aragón. Después de la conquista de Zaragoza, Cataluña y Aragón se unificaron en una sola monarquía. De manera que[4]
20 los estados cristianos se van expansionando, juntándose unos con otros y haciéndose cada vez mayores mientras que la España musulmana se hallaba en proceso de desintegración.

ALFONSO VI Y EL CID. El momento en que la supremacía militar pasa a manos de[5] los cristianos ocurre en Castilla en el siglo XI, durante el
25 reinado de Alfonso VI. La figura más representativa y simbólica de ese tiempo es la de Rodrigo Díaz de Vivar, caballero castellano, más conocido por el sobrenombre[6] de Cid Campeador.

El Cid había vivido durante su niñez en la corte del rey de Castilla Fernando I. Allí fue compañero de juegos del príncipe Sancho hijo mayor
30 del monarca. Cuando el rey murió, en 1065, dividió sus dominios entre sus cinco hijos dando a Sancho Castilla, a Alfonso León, a García Galicia, a Urraca Zamora y a Elvira Toro. Sancho, apoyado por el Cid, se negó a aceptar el reparto[7] y destronó y desterró a sus hermanos. Urraca le resistió

---

[1] surgió (surgir) = apareció
[2] al mando de un caudillo = bajo la dirección
[3] de un jefe militar
     fundirse = juntarse, unirse
[4] de manera que *so*

[5] pasa a manos de = cambia a
[6] sobrenombre *nickname*
[7] se negó a aceptar el reparto = no quiso aceptar la distribución

en Zamora y en el sitio[8] de la ciudad Sancho fue muerto a traición por un caballero zamorano. Entonces los castellanos proclamaron rey a Alfonso no sin que el Cid le hiciera antes jurar[9] que no había tomado parte en la muerte de Sancho. Esta humillación no la olvidó el nuevo rey. Envió al Cid de embajador a Sevilla y depués le acusó de haberse quedado con parte de los tributos y regalos[10] que el monarca sevillano había de enviarle. Como consecuencia el Cid fue desterrado y pasó al servicio de diversos soberanos árabes. Más tarde, con sus propias tropas, se apoderó de[11] Valencia. Mientras tanto Alfonso había extendido sus dominios por el sur conquistando el reino de Toledo. El Cid ofreció Valencia al rey Alfonso y le rindió homenaje,[12] reconciliándose así el monarca y el héroe que quedó convertido en paladín[13] de la España cristiana. Muerto el Cid, su viuda Jimena defendió Valencia por tres años (1099–1102) contra los musulmanes hasta que una invasión africana hizo que, a pesar del apoyo que le prestó[14] Alfonso, tuviera que abandonar la ciudad.

---

[8] sitio   *siege*
[9] no sin que el Cid le hiciera antes jurar   *not without el Cid making him swear beforehand*
[10] le acusó de haberse quedado con parte de los tributos y regalos   *accused him of having kept for himself part of the tribute and gifts*

[11] se apoderó de = conquistó
[12] le rindió homenaje = le juró fidelidad
[13] paladín = defensor, campeón
[14] que le prestó = que le dio

Alfonso el Sabio

22

LA BAJA EDAD MEDIA. A partir del siglo XIII, como ya hemos dicho, los cristianos son el elemento dominante en la Península. Los castellanos, bajo Fernando III el Santo, conquistan Jaén, Córdoba, Sevilla y Cádiz y dejan reducidos a los árabes al reino de Granada.[15] Los aragoneses, al mando de Jaime I el Conquistador, ocupan definitivamente Valencia y las islas Baleares y poco después de la muerte de este rey se extienden por el sur de Francia e incorporan la isla italiana de Sicilia. Los portugueses, por su parte, concluyen también la reconquista de su territorio.

El hijo y sucesor de Fernando III, Alfonso X el Sabio, pretendió que le hicieran emperador de Alemania pero no lo logró.[16] El fracaso de sus ambiciones y su falta de habilidad política produjeron graves trastornos[17] en Castilla. En cambio ha pasado a la historia como uno de los soberanos medievales que más han hecho en el campo de la cultura. Escribió tratados históricos, codificó[18] y trató de unificar las leyes, estudió las ciencias, en especial la astronomía, y fue un excelente poeta. En sus tareas intelectuales le ayudaron maestros cristianos, árabes y judíos. En 1215 se fundó en Salamanca la primera universidad que tuvo España. Alfonso creó en Murcia otro centro de estudios superiores al que concurrieron profesores árabes y judíos para transmitir su ciencia a los cristianos. El rey dotó generosamente las cátedras[19] y concedió grandes privilegios a los catedráticos.

Los últimos tiempos de la Edad Media constituyen un período de profundos disturbios, guerras civiles y revueltas.[20] A pesar de ellos, España no dejó de engrandecerse y prosperar. Hacia fines del[21] siglo XV (1469) la princesa castellana Isabel se casa con el príncipe Fernando de Aragón. Cuando ambos príncipes heredan la corona de sus respectivos países, Castilla y Aragón se unen bajo una monarquía conjunta.[22] Con esta unión termina la Edad Media española y comienza el período llamado Renacimiento.

---

[15] dejan reducidos a los árabes al reino de Granada = sólo les dejan el reino de Granada

[16] no lo logró = no lo consiguió

[17] trastornos = problemas, disturbios

[18] codificó (codificar) = reunió las leyes en un código

[19] dotó generosamente las cátedras = dio mucho dinero para la enseñanza universitaria

[20] revueltas = revoluciones

[21] hacia fines de = *toward the end of*

[22] conjunta = unida

LA GLORIA DEL CID

La figura y las hazañas del Cid han dado origen al poema
épico más importante de la literatura española: *El Cantar de Mio
Cid*. El Cantar fue escrito en el siglo XII y relata con bastante
fidelidad las hazañas del héroe desde su destierro hasta su
reconciliación con Alfonso VI. El Cid aparece en el Cantar
como el perfecto caballero medieval: valiente, generoso, justo,
mesurado,[23] humano, religioso, amante de su familia, amigo y
vasallo leal, dispuesto siempre a sacrificarse por la gloria y
grandeza de su patria. El tema del Cid, así como el del rey
Sancho y el sitio de Zamora, sirvieron de base a muchos
romances en la Edad Media y fueron aprovechados como
asunto[24] en muchas piezas teatrales en los siglos XVI y XVII.
Como muestra del poema reproducimos dos trozos:[25] el
primero referente a la toma de Valencia; el segundo a la
gloria adquirida por el Cid con sus hazañas, gloria que le permite
casar a sus hijas con príncipes cristianos.

«Grandes son los gozos que hay en el lugar
cuando Mio Cid ganó Valencia y entró en la ciudad.
Los que fueron a pie caballeros son ya
el oro y la plata, ¿quién os la podría contar?
Todos eran ricos, cuantos allí están.
Mio Cid Rodrigo el quinto[26] mandó tomar;
de los dineros cogidos: treinta mil marcos le dan.
Y las otras ganancias, ¿quién las podría contar?
Alegre está el Campeador con todos los que allí están
cuando su enseña[27] apareció en lo alto del Alcázar.»

«Hicieron los casamientos de Doña Elvira y Doña Sol,
los primeros fueron grandes,[28] los segundos aun mejor,
con mayor honra las casa que la vez anterior.
Ved como crece la honra del que en buena hora nació,[29]
cuando señoras son sus hijas de Navarra y Aragón.
Hoy los reyes de España sus parientes son.
A todos alcanza honra por el que en buena hora nació.»

(Versión en lengua moderna)

---

[23] mesurado *restrained*
[24] asunto = tema
[25] trozos = fragmentos
[26] el quinto = la quinta parte
[27] enseña = bandera

[28] los primeros fueron grandes: El poeta se
refiere al primer casamiento de las hijas
del Cid con los Infantes de Carrión.
[29] el que en buen hora nació: epíteto en
alabanza del Cid muy usado en el Poema

Cronica del muy esforçado cauallero el Cid ruy diaz campeador.

PREGUNTAS

1 ¿*Cuándo y dónde comenzó la Reconquista?*
2 ¿*Quién fue Pelayo?*
3 ¿*Qué era la Marca Hispánica?*
4 ¿*Dónde y cómo vivió el Cid cuando niño?*
5 ¿*Qué hizo el rey Sancho después de muerto su padre?*
6 ¿*Cómo murió el rey Sancho?*
7 ¿*Por qué se sintió humillado Alfonso VI?*
8 ¿*De qué acusó Alfonso VI al Cid?*
9 ¿*Qué hizo el Cid después de conquistar Valencia?*
10 ¿*Por qué son importantes Fernando III y Jaime I?*
11 ¿*En qué se distinguió más Alfonso X el Sabio?*
12 ¿*Cómo organizó Alfonso X la Universidad de Murcia?*
13 ¿*Cuándo y por qué se unieron Castilla y Aragón?*
14 ¿*Qué importancia literaria tiene el* Cantar de Mio Cid?
15 ¿*Cómo era el Cid según el* Cantar?
16 ¿*Con quiénes casó el Cid a sus hijas?*

5

La Edad Media: la sociedad

*E*sencialmente las instituciones sociales, políticas y administrativas de la España cristiana siguen el modelo de las de Europa en la misma época, pero con algunas diferencias nacidas del hecho de[1] haber mantenido España una lucha constante contra los musulmanes.

En Castilla, especialmente, y para atraer gentes que poblaran las fronteras, los reyes se vieron obligados a conceder privilegios y libertades a los campesinos y a los habitantes de las ciudades. Esto hizo que la servidumbre, es decir los agricultores sujetos a un señor y obligados a no abandonar sus tierras, desapareciera relativamente pronto. Por su parte, otras instituciones feudales comunes en Europa tampoco lograron un fuerte arraigo[2] y sus características fueron distintas. Además, debido al contínuo estado de guerra, las ciudades y la industria no se desarrollaron con rapidez sino en aquellas regiones en que la lejanía de las fronteras y la mayor seguridad lo permitió. Hasta el siglo XIII las únicas ciudades de cierta consideración[3] en la España cristiana fueron Barcelona, en Cataluña, y Santiago, en Galicia. Más tarde, conquistadas Valencia y el norte de Andalucía, se agregaron al territorio cristiano núcleos urbanos importantes, como Valencia, Sevilla, Córdoba y Murcia.

En la sociedad la nobleza y el clero desempeñaban el papel principal. Los hombres libres no nobles habitaban generalmente las ciudades. Algunos de ellos dedicados al comercio, a la industria y a las profesiones liberales, consiguieron notable influencia. La mayoría de los campesinos, aunque fuesen libres, se encontraban sujetos a numerosas trabas[4] y su vida era considerablemente más dura que la de los habitantes de las ciudades.

Los reyes trataron, sobre todo a partir del siglo XIII, de disminuir los privilegios de los nobles y aumentar las libertades y franquicias de los burgueses.[5] Por eso en las Asambleas representativas, especie de parlamento, llamadas Cortes en Castilla y Universidades en Aragón, vemos que los procuradores[6] de las ciudades actúan junto a los de la nobleza y el

---

[1] nacidas del hecho de = producidas por
[2] un fuerte arraigo = mucha fuerza
[3] cierta consideración = alguna importancia
[4] trabas *bonds, restrictions*

[5] franquicias de los burgueses = exenciones de pagar ciertos impuestos a los habitantes de las ciudades
[6] procuradores *representatives*

clero. Algunas poblaciones, como Barcelona, de crecido número[7] de habitantes y suficiente prosperidad económica, tuvieron una constitución casi republicana y mucha autonomía. En ellas casi todos los cargos públicos fueron electivos, pero quedaron en manos de los burgueses ricos.

Los tres puntales[8] de la Edad Media fueron los castillos, los monasterios 5 y las ciudades. En los castillos habitaban los nobles cuya principal y casi única ocupación era la guerra. Poseían grandes extensiones de tierra y los campesinos que las cultivaban estaban obligados a pagarles toda clase de rentas y tributos. A cambio de eso el noble los protegía y defendía en caso de guerra o agresión. Los campesinos vivían en casas humildísimas, de 10 escaso mobiliario,[9] tejían y confeccionaban, en general, sus propios vestidos y consumían tan sólo lo que producía la tierra. Los productos sobrantes, siempre escasos, los cambiaban en el mercado más próximo por artículos indispensables o herramientas[10] para su trabajo.

Tampoco existían en los castillos grandes comodidades,[11] pero los 15 señores gozaban de mayor abundancia de alimentos, vestidos y muebles. Cuando los nobles combatían lo hacían a caballo, protegidos por corazas de hierro.[12] Sus armas eran pesadas y difíciles de manejar y para usarlas con eficacia requerían un entrenamiento contínuo. En época de paz, el señor se dedicaba a la caza que para él era la imagen de la guerra.[13] A 20 veces un juglar[14] llegaba al castillo y cantaba las hazañas de los héroes acompañado de instrumentos musicales, mientras le escuchaban la familia y amigos del señor. Teóricamente los señores tenían un alto código moral y debían luchar por su Dios, su rey y su dama, pero, en realidad, muchos de ellos no seguían otras leyes que las de su capricho. 25

Sin embargo, a fines de la Edad Media, los campesinos mejoraron su nivel de vida y pagaron, proporcionalmente, menos impuestos. Los señores, por su lado, adquirieron una educación literaria y establecieron costumbres sociales más refinadas, especialmente en lo que afectaba a la relación con la mujer. 30

En los monasterios vivían los monjes en comunidades[15] dedicadas a la oración, el trabajo y el estudio. Los pocos libros y la poca ciencia cristiana de comienzos del período medieval se hallaban confinados[16] en los con-

---

[7] crecido número = gran número
[8] los tres puntales = las tres bases fundamentales
[9] mobiliario *furniture*
[10] herramientas *tools*
[11] grandes comodidades = gran confort

[12] corazas de hierro *iron armor*
[13] la imagen de la guerra = semejante a la guerra
[14] juglar = cantor y músico ambulante
[15] en comunidades = agrupados
[16] confinados = encerrados

ventos. Los monasterios vivían del producto de sus dominios rurales, de donaciones[17] de reyes y personas piadosas y del propio trabajo de los frailes. Las comunidades religiosas en sus relaciones con los campesinos y con el pueblo se mostraron más humanas que la nobleza. Hubo algunas
5 órdenes religiosas que, además de los votos usuales,[18] tenían la misión de luchar contra los musulmanes y demás infieles. Al final de la Edad Media se establecieron otras órdenes—las de los franciscanos y dominicos—que vivían en las ciudades, se mezclaban con el pueblo y terminaron ejerciendo gran influencia en las gentes.
10 Las ciudades medievales de la España cristiana, como las de toda Europa con la excepción de Italia y Flandes, fueron muy pequeñas. Antes de la incorporación de los núcleos árabes del sur, la mayor contaba apenas 35.000 habitantes. Estas ciudades estaban rodeadas de murallas. Las calles eran estrechas, las casas altas y la higiene y los servicios públicos
15 muy deficientes.[19] La aglomeración, la mala construcción y la falta de limpieza ocasionaban frecuentes epidemias e incendios. En el centro de la ciudad había una plaza donde en general se encontraba el Ayuntamiento y se celebraba el mercado. Los habitantes de la ciudad tenían mayores posibilidades y libertades que los campesinos y se regían[20] por autoridades
20 comúnmente elegidas por los gremios, es decir, las corporaciones de artesanos y obreros. Pero en los gremios influían los burgueses ricos más que el resto de los miembros y los obreros y artesanos pobres tuvieron poco poder. En todo caso, en las ciudades se originó un nuevo espíritu más liberal y se desarrolló la creencia en la dignidad del trabajo, junto al
25 gusto por el dinero, el lujo, las comodidades, la educación y el arte.

---

[17] donaciones = regalos en dinero o tierras
[18] además de los votos usuales = además de practicar las reglas religiosas
[19] muy deficientes = muy pobres y escasos
[20] se regían = se gobernaban

EL CAMINO DE SANTIAGO

La tumba del Apóstol Santiago, que de acuerdo con la tradición fue el primer predicador[21] del Cristianismo en España, fue hallada, según la leyenda, por un pastor en el siglo IX. Una estrella caída del cielo señaló el sitio donde el sepulcro se encontraba y desde entonces se le dio a este lugar el nombre 5 de *Campus Stellae* (Campo de la Estrella, hoy Compostela). Allí se fundó una iglesia para guardar los restos[22] del Apóstol y en torno a ella se desarrolló la ciudad de Santiago que se convirtió en uno de los santuarios predilectos de los peregrinos cristianos de toda Europa. 10

El camino seguido por los peregrinos iba desde los Pirineos a través de todo el norte de Castilla y de León y entraba en Galicia terminando en la iglesia del Apóstol.

---

[21] predicador *preacher*   [22] los restos *the remains*

La ciudad de Santiago ganó con esto importancia internacional. Se transformó en centro cosmopolita y desde ella se expandieron[23] por Galicia y el resto de la España cristiana la influencia de la cultura europea y la de la poesía provenzal[24] y francesa.

El arzobispo de Santiago, Diego Gelmírez, hizo de la ciudad en el siglo XII, además de centro religioso, un centro político de gran interés. Para proteger a los peregrinos que se dirigían a Santiago, los reyes crearon una orden religioso-militar: la de los Caballeros de Santiago que se mantuvo por largo tiempo y acumuló grandes dominios.

---

[23] se expandieron = se extendieron
[24] provenzal = de Provenza en el sur de Francia

PREGUNTAS

1 ¿Por qué fueron diferentes las instituciones de España y Europa?

2 ¿Qué hicieron los reyes para atraer gente a las fronteras?

3 ¿Dónde se desarrollaron más las ciudades y la industria?

4 ¿Qué diferencias había entre los hombres libres del campo y de las ciudades?

5 ¿Cómo vivían los campesinos?

6 ¿Cómo vivían los nobles?

7 ¿Cómo combatían los nobles?

8 ¿Qué hacían los juglares?

9 ¿Por quién debían luchar los señores?

10 ¿Qué vida se hacía en los monasterios?

11 ¿Cómo se mantenían los frailes?

12 ¿Cómo eran las ciudades cristianas en la Edad Media?

13 ¿Qué eran los gremios?

14 ¿Quiénes ejercían mayor influencia en los gremios y las ciudades?

15 ¿Qué nuevo espíritu se desarrolló en las ciudades?

16 ¿Cómo y dónde fue hallada la tumba del Apóstol Santiago?

17 ¿Por qué fue importante la ciudad de Santiago en la Edad Media?

18 ¿Qué hicieron los reyes para proteger a los peregrinos?

6

La Edad Media: la cultura y el arte

*H*asta finales del siglo XI no se empezó a usar el castellano como lengua literaria. Las primeras manifestaciones de gran importancia en literatura castellana fueron poemas épicos, como el *Cantar de Mio Cid*, referentes a[1] la vida y hazañas de los héroes. Estas composiciones, escritas por poetas anónimos, eran recitadas por juglares, como se llamaba a los cantores ambulantes que iban de pueblo en pueblo y de castillo en castillo. El rey Alfonso X comenzó a cultivar la prosa literaria en el siglo XIII. Por este siglo aparece una nueva poesía compuesta por clérigos, es decir personas cultas, que usan temas religiosos e históricos. Entre ellos debe recordarse a Gonzalo de Berceo que escribió varias vidas de santos y algunos poemas en honor de la Virgen: *Los Milagros de Nuestra Señora*.

En el siglo XIV, el Infante Don Juan Manuel publica una famosa colección de cuentos: *El Conde Lucanor*. Por el mismo tiempo el poeta Juan Ruiz, Arcipreste de Hita, compone una de las obras maestras de la Edad Media: *El libro de buen amor* en el que nos da una visión muy completa de la vida, ideas y costumbres de la época.

Hacia fines de la Edad Media se escriben novelas, historia, biografía y algunas piezas teatrales.[2] La poesía lírica adquiere[3] gran desarrollo. El rey de Castilla Juan II reune en su Corte numerosos escritores entre los cuales destacan Jorge Manrique y el Marqués de Santillana. El primero es autor de unas *Coplas por la muerte de su padre* de profundo sentido filosófico y cristiano. El Marqués de Santillana imita a Petrarca y a Dante, dos clásicos italianos, en algunas de sus composiciones poéticas mientras que en otras, como las *Serranillas*, glosa[4] temas y motivos populares. Manifestación literaria, también popular y de gran importancia, son los llamados «romances», generalmente anónimos, que toman sus asuntos[5] de los antiguos poemas épico-heroicos, de las luchas fronterizas[6] contra los árabes, de las leyendas o de las pasiones amorosas.

---

[1] referentes a = relacionados con
[2] piezas teatrales = obras de teatro
[3] adquiere (adquirir) *achieves*

[4] glosa (glosar) = da nuevas versiones de
[5] asuntos *subject matter*
[6] luchas fronterizas = guerras en la frontera

En arquitectura predominan en la España cristiana dos estilos. Primero el románico con edificios de fuertes muros y sólido aspecto y, a partir del siglo XIII, el gótico, más esbelto, ligero y gracioso. Ambos estilos se usan en las construcciones religiosas,—conventos, iglesias, catedrales—o militares y también en palacios y edificios públicos.

Las iglesias románicas no suelen ser[7] muy altas y se hallan rematadas[8] por torres cuadrangulares. Las columnas de claustros y naves[9] son bajas, con capiteles complicados. Están unidas entre sí por arcos semicirculares llamados arcos de medio punto. Las iglesias góticas, de mucha mayor altura, ofrecen[10] columnas más delgadas y elegantes, muros con amplios ventanales y hermosas vidrieras de colores vivos,[11] arcos en forma de ojiva y torres que apuntan al cielo[12] como si fuesen flechas.

La escultura y la pintura en el arte románico y en el gótico son casi siempre de tema religioso y se encuentran sus ejemplos en las iglesias del período. Algunas de las esculturas, especialmente románicas, representan figuras animales de intención simbólica o satírica extremadamente interesantes como ocurre en la catedral de Santiago, entre otras muchas.

---

[7] no suelen ser = generalmente no son
[8] rematadas = terminadas
[9] naves *aisles*
[10] ofrecen = muestran

[11] vidrieras de colores vivos *stained glass windows*
[12] que apuntan al cielo = que se dirigen hacia la altura

La Catedral gotica de Burgos

El Alcázar de Segovia

La pintura y escultura góticas, de mejor técnica, tienen una manifiesta tendencia[13] a idealizar los temas y figuras que utilizan.

Las más bellas iglesias románicas de España son la Catedral de Santiago, San Vicente de Ávila, Santo Domingo en Soria y San Isidoro en León. Entre las góticas descuellan las catedrales de Burgos, León, Sevilla y Toledo.

Entre los castillos y fortalezas medievales de España pueden citarse el Alcázar de Segovia, el castillo de la Mota y los de Manzanares el Real y Turégano. Ávila y Cuéllar conservan todavía intactos sus recintos de murallas,[14] mientras que otras ciudades los mantienen sólo en parte.

Característico de la Edad Media española es el estilo mudéjar,[15] de origen arábigo, con sus edificios de ladrillo labrado, sus torres y azulejos.[16]

---

[13] una manifiesta tendencia = una tendencia clara
[14] recinto de murallas   *walled enclosure*
[15] estilo mudéjar = estilo en el que se funden

elementos románicos y góticos con el arte árabe
[16] azulejos = ladrillos pequeños vidriados de varios colores

POESÍA MEDIEVAL

Aquí tenemos dos muestras[17] de la poesía española medieval:
la primera, del «Elogio a las mujeres chicas» en el *Libro de
Buen Amor* por Juan Ruiz, Arcipreste de Hita; y la segunda, de
las *Coplas por la muerte de su padre* por Jorge Manrique.

«Chica es la calandria y chico el ruiseñor,   5
pero más dulce canta que otra ave mayor.
La mujer que es chica por eso es mejor,
en amor más dulce que azúcar o flor.
Son aves pequeñuelas papagayo y oriol,
pero cualquiera de ellas es dulce trinador.[18]   10
Graciosa, hermosa, preciada, cantador,[18]
así es la mujer pequeña para amor.
En la mujer pequeña no hay comparación,
es paraíso terrenal y consolación,
solaz y alegría, placer y bendición,   15
mejor es en la prueba que en la salutación.
Siempre quise mujer chica más que grande o mayor.
¡No es desaguisado[19] de gran mal ser huidor,
huir de un mal grande nunca ha sido un error!
Del mal tomar lo menos, dícelo el sabedor.   20
¡Por eso en las mujeres la menor es mejor!»

[17] muestras = ejemplos
[18] trinador: sinónimo de «cantador» referido
a aves (En la Edad Media el adjetivo masculino en «-or» se usaba a veces para
los dos géneros.)
[19] desaguisado *offense, wrong*

Los versos anteriores demuestran la sensualidad, la gracia y el sentido del humor del Arcipreste. Si comparamos el espíritu de este trozo con el del siguiente (de Jorge Manrique), comprenderemos como el alma del hombre medieval oscilaba entre los placeres de la vida y la meditación de la muerte.

> «Nuestras vidas son los ríos
> que van a dar a la mar,
> que es el morir.
> Allá van los señoríos
> derechos a se acabar
> y consumir.
> Allí los ríos cabdales,[20]
> allí los otros medianos
> y más chicos
> allegados,[21] son iguales
> los que viven por sus manos
> y los ricos.»

---

[20] cabdales = caudalosos = grandes
[21] allegados = llegados

PREGUNTAS

1 ¿Cuáles fueron las primeras obras literarias en castellano?

2 ¿Quiénes escribían y recitaban estas obras?

3 ¿Qué clase de poesía aparece en el siglo XIII?

4 Dé los títulos de dos libros del siglo XIV y diga de qué tratan.

5 ¿Qué escribió el Marqués de Santillana?

6 ¿Qué son y de qué tratan los romances?

7 ¿En qué se diferencian los estilos gótico y románico?

8 ¿Qué temas prefieren la escultura y la pintura medievales?

9 ¿Qué conservan Ávila y Cuéllar?

10 ¿Cómo es el estilo mudéjar?

11 ¿Por qué, según el Arcipreste de Hita, son mejores las aves pequeñas?

12 Explique la comparación entre las aves y las mujeres chicas.

13 ¿Por qué debemos evitar las mujeres grandes?

14 Según Jorge Manrique, ¿qué son nuestras vidas?

15 ¿Cuándo son iguales los hombres?

37

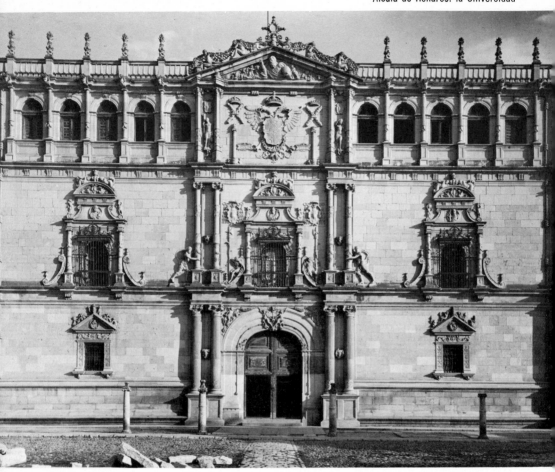

7

El Renacimiento, los Reyes Católicos y la unidad nacional

*E*n 1479 y a la muerte de su padre Juan II, el príncipe Fernando subió al trono de Aragón. Fernando estaba casado con la reina Isabel I de Castilla y de este modo se unieron los dos estados mayores de la Península. Este reinado coincide con acontecimientos que habían de dar[1] a España la
5 supremacía europea. Los reyes conquistaron el único reino árabe que todavía existía en la Península—Granada—en 1492. El mismo año fueron expulsados de España los judíos que no quisieron convertirse al catolicismo y se efectuó[2] el descubrimiento de América por Cristóbal Colón, marino genovés al servicio de los Reyes Católicos. También en 1492 el humanista
10 Antonio de Nebrija publicó la primera gramática española, que vino a ser[3] la primera publicada de cualquier lengua moderna europea. Hasta entonces[4] las universidades y los intelectuales de Europa habían considerado los idiomas hablados y escritos por los pueblos del Continente como muy imperfectos frente al latín, usado y preferido por ellos.

15 En años sucesivos, los Reyes Católicos en su afán de promover la unidad, no sólo política sino espiritual, de España expulsaron a gran número de moriscos, como se llamaba a los musulmanes que permanecieron en el país después de la Reconquista. Además agregaron a sus dominios[5] una parte del sur de Francia y el reino de Nápoles en Italia.
20 Muerta Isabel, Fernando unió Navarra al resto de los territorios españoles.

Isabel y Fernando fueron modelos de soberanos renacentistas, preocupados continuamente por la grandeza y el mejoramiento de su país. La monarquía que, en la Edad Media, se hallaba limitada[6] por el poderío de la nobleza y de la Iglesia, se transformó, con la ayuda del pueblo, en un
25 régimen de carácter absoluto.[7] Los señoríos semi-independientes y las ciudades autónomas quedaron sujetos a la autoridad real. Las actividades

---

[1] que habían de dar = que darían
[2] se efectuó = tuvo lugar
[3] que vino a ser = que resultó ser
[4] hasta entonces = hasta ese tiempo

[5] agregaron a sus dominios = incorporaron
[6] se hallaba limitada = estaba limitada
[7] régimen de carácter absoluto = gobierno por los solos reyes

políticas se concentraron en las cortes de los reyes creándose así las grandes naciones de la Edad Moderna, de las cuales España fue la primera que tuvo una administración pública centralizada, un ejército regularmente organizado, un sistema de justicia y una policía nacionales. Esta policía, creada por los Reyes Católicos y llamada la Santa Hermandad, limpió [5] de[8] bandidos y criminales el país y mantuvo la seguridad en los caminos. Para evitar las sublevaciones o la resistencia de ciertos nobles, que hubieran podido crearles dificultades, los reyes ordenaron derribar gran cantidad de fortalezas y castillos y asumieron directamente el control[9] de las Órdenes militares. [10]

El período en que gobernaron los Reyes Católicos fue paralelo al Renacimiento y al Humanismo. La influencia italiana, gracias al[10] continuo contacto de los españoles con Nápoles, Sicilia y Roma, aceleró estos movimientos en la Península. Para consolidarlos, el Cardenal Cisneros, regente de Castilla después de la muerte de la Reina, fundó la Universidad [15] de Alcalá en la que enseñaron sabios europeos y españoles, entre otros Antonio de Nebrija. La primera gran obra de la Universidad de Alcalá fue la publicación de la llamada *Biblia Políglota Complutense* (de «Complutum», nombre latino de Alcalá). Esta Biblia se imprimió en hebreo, caldeo,[11] griego y latín. [20]

En 1499 aparece la obra literaria más famosa del Renacimiento español: *La Celestina*, novela dialogada de Fernando de Rojas, judío converso.[12] *La Celestina* es sin duda el libro que más vivamente retrata, a través de[13] sus personajes, la vida, cultura y costumbres del tiempo al contrastar el espíritu medieval con el renacentista. La novela sentimental, de tipo [25] simbólico-amoroso, y la novela de caballerías que relata—idealizándolos— las hazañas y trabajos de los caballeros andantes,[14] adquieren por entonces su máximo esplendor.

La historia y los estudios clásicos se cultivan con esmero[15] y las exploraciones y descubrimientos amplían el campo de las ciencias geográficas [30] y naturales.

---

[8] limpió de ... el país = hizo desaparecer ... del país

[9] asumieron directamente el control = tomaron ellos mismos el mando

[10] gracias a = a causa de

[11] caldeo *Chaldean (the Semitic language of the Chaldeans, an ancient people who lived in Babylonia)*

[12] converso = que cambió a la religión cristiana

[13] que más vivamente retrata, a través de = que presenta mejor, por medio de

[14] caballero andante *knight errant*

[15] con esmero = con cuidado, con interés

A la difusión de la cultura y la propagación de los libros contribuyó de modo decisivo la imprenta, inventada en Alemania por Gutenberg en la segunda mitad del siglo XV e introducida en España casi inmediatamente.

5   La pintura y escultura, con notables influencias italianas y flamencas,[16] produjeron una serie de obras de carácter religioso, mientras que en arquitectura surgen dos tendencias: el gótico florido—de estilo muy ornamentado[17]—y el plateresco que en sus decoraciones murales[18] trata de imitar en la piedra las labores de los plateros. Ejemplo de la primera 10   tendencia es la Capilla Real de Granada y de la segunda la portada de la Universidad de Salamanca.

---

[16] flamencas   *Flemish*
[17] muy ornamentado = muy adornado

[18] decoraciones murales = adornos en los muros

EL DESCUBRIMIENTO DE AMÉRICA

Por su posición geográfica sobre el Atlántico, portugueses y españoles habían comenzado desde la Edad Media a explorar el Océano. Los portugueses se establecieron en las costas africanas y los españoles descubrieron y colonizaron las Islas Canarias.

El dominio por los turcos del Mediterráneo oriental, después de la caída de Constantinopla en 1453, había interrumpido la llegada a Europa de ciertos productos asiáticos de mucho consumo.[19] Desde ese momento, geógrafos y navegantes se preocuparon por hallar una nueva ruta[20] que les pusiera en contacto con el este de Asia.

Los portugueses pensaron en llegar allí dando la vuelta a África y lo lograron. Colón supuso que, siendo la Tierra redonda, el camino más corto sería navegar hacia Occidente. Sometió sus proyectos[21] a varios monarcas que los rechazaron. Cuando llegó a España, la reina Isabel le escuchó con simpatía y convocó una reunión de hombres de ciencia para que estudiasen las ideas del navegante. Trás de[22] muchas discusiones y vacilaciones, los planes de Colón fueron aceptados. En 1492 se organizó, por fin, una flotilla de tres pequeños barcos, llamados carabelas, que salieron del puerto de Palos, en el oeste de Andalucía, el 3 de agosto de ese año y, después de largas aventuras e incidentes, arribaron[23] el 12 de octubre a una de las islas Bahamas. Más tarde Colón tocó en la Española,[24] fundó la ciudad de Santo Domingo y regresó a España, donde le recibieron los Reyes Católicos con toda clase de honores y le otorgaron el título de Almirante. Colón hizo tres viajes más—el último en 1502—y murió poco después en la creencia de que[25] había llegado a Asia y sin saber que había descubierto un nuevo continente. Por eso a las tierras americanas se les dio al principio el nombre de Indias.

---

[19] de mucho consumo = de mucho uso
[20] una nueva ruta = un nuevo camino
[21] sometió sus proyectos = presentó sus planes
[22] tras de = después de

[23] arribaron = llegaron
[24] la Española: isla hoy dividida entre Haití y la República Dominicana
[25] en la creencia de que = pensando que

La llegada de Colón a América

PREGUNTAS

1 ¿Cómo se unieron Castilla y Aragón?

2 ¿Qué cuatro acontecimientos notables ocurrieron en España en 1492?

3 ¿Quiénes eran los moriscos?

4 ¿Cómo se transformó la monarquía española?

5 ¿Qué instituciones tuvo España antes que los demás países de Europa?

6 ¿Qué hizo el Cardenal Cisneros?

7 ¿Qué importancia literaria tiene La Celestina?

8 ¿Qué invención contribuyó a la difusión de la cultura?

9 ¿Qué dos tendencias hubo en la arquitectura española de este período?

10 ¿Qué exploraron y colonizaron los portugueses y los españoles antes del descubrimiento de América?

11 ¿Por qué querían los europeos encontrar una nueva ruta para el Asia oriental?

12 ¿Por qué pensaba Colón llegar a Asia navegando hacia Occidente?

13 ¿Cuándo y de qué puerto salió Colón en su primer viaje?

14 ¿A dónde llegó y qué fundó en este primer viaje?

15 Cuando murió Colón, ¿qué creía haber descubierto?

43

Carlos V

8

Grandeza y decadencia

*E*l siglo XVI representa el punto máximo del poderío[1] español. Con el acceso al trono de Carlos I de España y V de Alemania, la idea de un imperio universal gobernado por los españoles parece a punto de convertirse en[2] realidad.

5 Carlos había heredado de sus padres y abuelos España, Alemania, gran parte de Italia y Francia y los territorios que hoy componen Bélgica y Holanda, además de casi todo el vastísimo[3] continente americano al que vinieron a agregarse[4] algunos archipiélagos del Pacífico y las Islas Filipinas. Como se decía entonces, «nunca se ponía el sol en los dominios del rey de
10 España».

Carlos llegó a reinar siendo muy joven, pero era enérgico, buen guerrero, convencido de su misión imperial, de sus obligaciones como cristiano y de la dignidad de su oficio. Su vida se desenvolvió dentro de[5] una continua actividad militar, diplomática y viajera. Cuando murió, poco después de
15 haber abdicado y con sólo 58 años, había cumplido sus propósitos en gran parte. Su tarea no fue fácil. Tuvo que imponer a sus súbditos una nueva disciplina, organizar sus estados de acuerdo con las normas que se había trazado[6] y defender la fe católica contra dos poderosos enemigos: la Reforma protestante y el Imperio de los turcos. Encontró grandes resis-
20 tencias en todas partes. En la propia España, y recién llegado al trono,[7] ciertas regiones y ciudades que temían perder sus derechos se rebelaron. Apenas dominada[8] esta revuelta, emprendió una serie de guerras contra Francia cuyo rey, Francisco I, aliado unas veces al Papa, otras a los príncipes protestantes alemanes e inclusive al sultán de Turquía, pretendía[9]
25 oponerse a la supremacía de Carlos.

El emperador no desmayó nunca.[10] En la primera guerra contra Francia

---

[1] el punto máximo del poderío = el mayor poder
[2] a punto de convertirse en *about to become*
[3] vastísimo = muy grande, muy extenso
[4] vinieron a agregarse = se unieron
[5] su vida se desenvolvió dentro de = vivió en medio de
[6] de acuerdo con las normas que se había

trazado = según los planes o proyectos que había hecho
[7] recién llegado al trono = en los primeros años de su reinado
[8] apenas dominada = inmediatamente después de controlar
[9] pretendía (pretender) = trataba de
[10] no desmayó nunca = no perdió el impulso, el valor

45

hizo prisionero a Francisco y le obligó a firmar un tratado de paz que, una vez puesto en libertad, Francisco se negó a[11] ratificar. Carlos no vaciló[12] en atacar al Papa y ocupar la ciudad de Roma cuando el Pontífice intervino a favor del rey de Francia.

Más dura fue la guerra contra los príncipes protestantes alemanes a [5] quienes el emperador hubo de dejar[13] que implantaran la nueva religión en sus estados. Los turcos, por su parte, llegaron casi a sitiar Viena, pero Carlos logró rechazarlos, si bien[14] no consiguió ventajas sobre ellos en las expediciones que efectuó contra Argel y Túnez. Cuando abdicó a favor de su hijo Felipe II cedió a éste todos sus dominios europeos y americanos [10] con la excepción de Alemania que pasó a manos de Fernando, hermano de Carlos.

Felipe II tenía ideas semejantes a las de su padre, pero iba aun más allá en cuanto a la preponderancia del Catolicismo y su defensa en todos los terrenos. De carácter retraído y concentrado trabajaba sin descanso[15] [15] y se propuso conocer, hasta en sus menores detalles, cuanto se refería a la administración de sus dominios. En contraste con su antecesor, permaneció la mayor parte de su vida en España, en el Monasterio del Escorial, que había hecho construir para conmemorar una victoria sobre los franceses. Desde allí gobernó el mundo ayudado por sus secretarios y [20] por sus grandes generales, como el Duque de Alba, Filiberto de Saboya y don Juan de Austria. Tuvo algunas dificultades dentro de sus estados, como la sublevación de los moriscos de Granada a quiénes venció y

---

[11] se negó a = no quiso
[12] no vaciló = no dudó
[13] hubo de dejar = tuvo que dejar

[14] si bien = aunque
[15] trabajaba sin descanso = trabajaba sin parar, siempre

Felipe II

El Escorial

expulsó o desterró a otras provincias. Y no logró imponerse[16] a los holandeses sublevados contra él y que contaban con la ayuda de Inglaterra.

Más afortunado fue contra los turcos cuya escuadra fue destruída por don Juan de Austria en Lepanto (1574). Además Felipe incorporó
5 Portugal, y sus colonias, a la corona española en 1580.

En cambio el Atlántico y la seguridad de las rutas comerciales con América se vieron cada vez más comprometidos[17] por las incursiones de los piratas ingleses y holandeses sostenidos por la reina Isabel de Inglaterra. Para evitar esto Felipe envió una gran armada[18]—la Invencible—para
10 acabar con el poderío inglés. Las tempestades y la técnica superior de los británicos produjeron un completo desastre (1588). Desde entonces los ingleses comenzaron a figurar como gran potencia marítima y las comunicaciones de España con América se hicieron cada vez más difíciles.

Los soberanos del siglo XVII precipitaron la decadencia política
15 española. Poco inteligentes y dominados por «validos» o favoritos, reinaron sobre una nación ya agotada por las contínuas guerras. El Imperio se desintegra poco a poco. Portugal recobra su independencia en 1640. Estallan[19] sublevaciones en Cataluña, Sicilia y Nápoles, se pierde Flandes y, una tras otra, las provincias francesas. Al final del XVII y a la muerte
20 de Carlos II, último monarca de esta dinastía, llamada Casa de Austria, las posesiones de Italia se pierden y el imperio español queda reducido a su propio territorio peninsular y a las colonias americanas.

---

[16] no logró imponerse = no pudo vencer
[17] cada vez más comprometidos = en mayor peligro
[18] una gran armada = muchos barcos de guerra
[19] estallan (estallar) *break out*

47

Carlos V

AL REY NUESTRO SEÑOR

«Ya se acerca, Señor, o ya es llegada
la edad gloriosa en que promete el cielo
una grey y un pastor[20] solo en el suelo
por suerte a vuestros tiempos reservada.
Ya tan alto principio, en tal jornada,
os muestra el fin de vuestro santo celo,   5
y anuncia al mundo para más consuelo
un Monarca, un Imperio y una Espada.
Ya el orbe de la tierra siente en parte
y espera en todo vuestra monarquía
conquistada por Vos en justa guerra.   10
Que a quien ha dado Cristo su estandarte
dará el segundo más dichoso día
en que, vencido el mar, venza la tierra.»

Este soneto compuesto por el poeta Hernando de Acuña,   15
contemporáneo de Carlos V, demuestra hasta qué punto los
españoles del siglo XVI creían en la misión imperial de España y
compartían la idea de Carlos de llegar a una monarquía universal.

---

[20] una grey y un pastor *a flock and a
shepherd*

PREGUNTAS

1 ¿Qué heredó Carlos V de sus padres y abuelos?

2 ¿Qué se decía entonces de España?

3 ¿Cómo era Carlos V?

4 ¿Cuáles fueron sus enemigos más importantes?

5 ¿Qué pasó con Francisco I?

6 ¿Qué ocurrió con los turcos?

7 ¿A quién dejó Carlos sus dominios?

8 ¿Qué ideas tenía Felipe II?

9 ¿Por qué construyó Felipe el Escorial?

10 ¿Qué pasó en Lepanto?

11 ¿Qué ocurrió con la Invencible?

12 ¿Cómo gobernaban los reyes del siglo XVII?

13 ¿Qué perdió España en el siglo XVII?

14 ¿Qué demuestra el soneto de Hernando de Acuña?

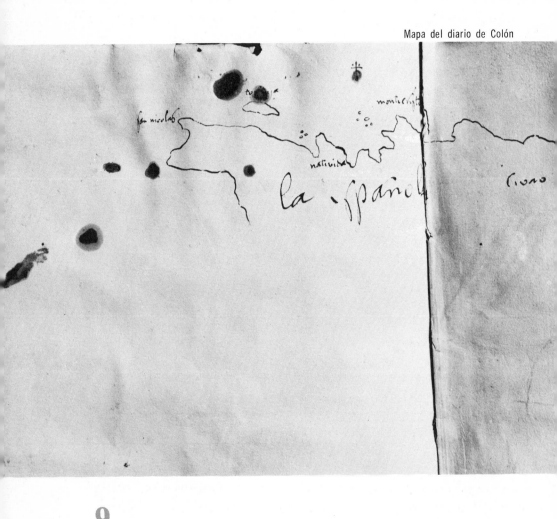

9

Exploraciones y descubrimientos

Los españoles llegados a las islas del mar Caribe desde el primer viaje de Colón, no tardaron en[1] explorar las costas americanas y colonizar el continente. De manera que la primera mitad del siglo XVI es un período de intensísima actividad militar y marítima en el Nuevo Mundo,
5 así como de descubrimientos geográficos continuos que cambian por completo las ideas que el hombre tenía sobre la Tierra y sus habitantes y contribuyen en enorme medida[2] al desarrollo de las ciencias naturales.

Los españoles que participaron en estas conquistas y viajes fueron gentes pertenecientes a las más diversas clases sociales y de muy distinto
10 grado de educación.[3] Muchos de ellos emprendieron sus aventuras por afán de[4] riquezas; otros por la gloria militar. Bastantes—sobre todo entre los eclesiásticos—por el deseo de propagar el Evangelio y salvar las almas de los indios paganos.

La mayor parte de las conquistas y exploraciones, especialmente al
15 principio, fueron debidas a la iniciativa personal y emprendidas con tan escasos recursos[5] que parece imposible que lograran tener éxito y pudieran dominar extensos imperios, como en México y en el Perú, unos pocos centenares de hombres en lucha no sólo contra los indígenas sino contra una naturaleza ignorada y hostil. Aunque careciesen de la ayuda de los
20 reyes, los jefes de las expediciones obraban[6] siempre en nombre del rey de España y conquistaban las tierras para él. Esperaban ser recompensados con riquezas, dominios y títulos, si triunfaban en su empresa,[7] cosa que no siempre ocurría.

Entre las exploraciones, conquistas y viajes más famosos deben citarse
25 el descubrimiento del Pacífico (1515) llevado a cabo[8] por Blasco Núñez de Balboa después de atravesar el Istmo de Panamá. La conquista de México por Hernán Cortés y la del Perú por Francisco Pizarro fueron tal vez las más dignas de estudio[9] desde los puntos de vista militar y político y las

---

[1] no tardaron en = se apresuraron a
[2] en enorme medida = muchísimo
[3] muy distinto grado de educación *different levels of education*
[4] por afán de = por deseo de
[5] con tan escasos recursos = con tan pocos medios

[6] obraban (obrar) = actuaban
[7] si triunfaban en la empresa = si tenían éxito
[8] llevado a cabo = ejecutado, hecho
[9] las más dignas de estudio = de mayor interés

51

más importantes para España en lo económico gracias a las minas de oro y plata que abundaban en ambos países.

Otros conquistadores se establecieron en los territorios que hoy ocupan América Central, Colombia, Venezuela, Chile y el Río de la Plata.

Pedro de Orellana recorrió totalmente el río Amazonas, pero el Brasil fue, a pesar de eso,[10] colonizado por los portugueses a quienes correspondía hacerlo según un tratado[11] con España. Otros españoles, Hernando de Soto, Coronado, Álvar Núñez Cabeza de Vaca, exploraron extensas regiones de lo que hoy es Estados Unidos.

El más difícil y peligroso de estos viajes fue el de Fernando de Magallanes, portugués al servicio de España, que en 1519 emprendió la primera vuelta al mundo. Muerto en las Filipinas, en combate contra los indígenas, la expedición la terminó su primer piloto, el vasco Juan Sebastián de Elcano, que regresó a España en 1522.

Los países incorporados a la corona española en América se hallaban en muy diversos grados de desarrollo desde los[12] que, como México y Perú, se encontraban habitados por pueblos de notable civilización, organizados en imperios, hasta los completamente salvajes y en extremo belicosos.[13] Sin embargo, la conquista concluyó en tiempo relativamente

---

[10] a pesar de eso *in spite of that*
[11] según un tratado = de acuerdo con un convenio

[12] desde los . . . hasta los *from those . . . to those*
[13] en extremo belicosos = muy guerreros

Balboa

Magallanes

corto y en todas partes los españoles fundaron ciudades con instituciones municipales según el modelo de Castilla. Los monarcas establecieron el llamado Consejo de Indias como entidad suprema para entender en[14] los asuntos americanos y la Casa de Contratación, con sede en[15] Sevilla, que supervisaba lo referente al comercio con las colonias, la navegación y la emigración.

Desde el descubrimiento, los Reyes Católicos habían promulgado[16] un código, las *Leyes de Indias*, de justas y humanas disposiciones.[17] El código prohibía esclavizar a los indios o someterlos a malos tratos. Estas leyes no se cumplieron siempre por las dificultades nacidas de las distancias y las características especiales de muchos distritos.

Para regularizar la administración los reyes distribuyeron los territorios americanos en virreinatos y capitanías generales. Virreyes y capitanes generales eran de nombramiento real y mantenían una verdadera corte imitada de la de España.[18] Los virreinatos más importantes fueron el de Nueva España, cuya capital estaba en la ciudad de México, y el del Perú con su capital en Lima. Hubo también tribunales supremos de justicia, denominados[19] «audiencias», que actuaban con independencia de los virreyes y capitanes generales. Cuando un virrey, u otro funcionario de la corona, cesaba en su cargo se le sometía a un «juicio de residencia» por el que se investigaba su actuación administrativa.

Los españoles se preocuparon mucho de la conversión de los indios al Catolicismo y para ello crearon gran número de misiones. Tampoco descuidaron[20] la educación y fundaron numerosas escuelas y universidades donde se educaban a los hijos de los colonizadores y a los indios. Algunas de estas universidades comenzaron a funcionar en la primera mitad del siglo XVI, es decir, inmediatamente después de la conquista.

Las colonias eran ricas, especialmente en oro, plata, diversos metales y productos agrícolas. El ganado, traído por los descubridores, se multiplicó en algunos años de manera fabulosa. Poco a poco se desarrollaron ciertas industrias y a fines del siglo XVII la prosperidad de las capitales coloniales, como México o Lima, era probablemente muy superior a la de las ciudades españolas de aquellos tiempos.

---

[14] para entender en = para ocuparse de
[15] con sede en = con residencia en
[16] habían promulgado = habían establecido
[17] disposiciones = leyes

[18] imitada de la de España = siguiendo el modelo de España
[19] denominados = llamados
[20] tampoco descuidaron = también se ocuparon de

HERNÁN CORTÉS

«Era de muy afable condición[21] con todos sus capitanes y compañeros, especial con los que pasamos con él de la isla de Cuba la primera vez. Y era latino,[22] y oí decir que era bachiller en leyes. Cuando hablaba con letrados[23] u hombres latinos, respondía a lo que le decían en latín. Era algo poeta y en lo que platicaba[24] lo decía muy apacible y con buena retórica.[25] Rezaba por las mañanas y oía misa con devoción. Cuando juraba decía: en mi conciencia.[26] Cuando se enojaba con algún soldado de los nuestros, amigos suyos, le decía: ¡Oh! ¡Mal pese a vos![27] Cuando estaba muy enojado se le hinchaba una vena de la garganta y otra de la frente. Aun algunas veces, muy enojado, arrojaba un lamento al cielo y no decía palabra fea ni injuriosa a ningún capitán ni soldado. Era muy sufrido. Hubo soldados muy desconsiderados que le decían palabras descomedidas[28] y no les respondía cosa soberbia ni mala y lo más que les decía, era: Callad, y oíd, o id con Dios y de aquí en adelante tened más miramiento[29] en lo que digáis porque os costará caro.»

Este párrafo es parte de la descripción que hace de Hernán Cortés uno de los soldados que le acompañaron en la conquista de México: Se llamaba el soldado Bernal Díaz del Castillo y el libro en que se halla este trozo, escrito por Bernal, se titula: *Verdadera historia de la conquista de la Nueva España.*

---

[21] de muy afable condición = de carácter amable
[22] era latino = sabía hablar en latín
[23] letrados = abogados
[24] platicaba = hablaba
[25] con buena retórica = con palabras escogidas
[26] en mi conciencia *upon my conscience*
[27] mal pese a vos: exclamación de desagrado
[28] palabras descomedidas = palabras insultantes
[29] tened más miramiento = tened más cuidado

PREGUNTAS

1 ¿De dónde salieron las expediciones españolas para conquistar el continente americano?

2 ¿Por qué luchaban los conquistadores?

3 ¿Cómo se iniciaban las expediciones?

4 ¿Quiénes conquistaron México y el Perú?

5 Dé usted los nombres de algunos españoles que exploraron partes de los Estados Unidos.

6 ¿Qué hicieron Magallanes y Elcano?

7 ¿Qué grado de civilización tenían los pueblos americanos?

8 ¿Qué fueron las Leyes de Indias?

9 ¿De qué se ocupaba la Casa de Contratación?

10 ¿Cómo se organizaron las colonias españolas?

11 ¿En qué consistía el «juicio de residencia»?

12 ¿Qué hicieron los españoles para propagar la religión y la educación en América?

13 ¿Por qué eran ricas las colonias españolas?

14 ¿Era Cortés hombre educado?

15 ¿Cómo trataba Cortés a sus soldados?

55

10

Reforma y Contrarreforma

*L*a primera parte del siglo XVI se señala[1] por uno de los movimientos religiosos de mayor transcendencia en el mundo occidental: la Reforma protestante. Los iniciadores de ella fueron Lutero, en Alemania, y Calvino, en Suiza. Las causas de la Reforma hay que buscarlas en la
5 decadencia de la Iglesia por aquel entonces[2] y en la corrupción de algunos de sus miembros. Al principio los reformadores sólo quisieron corregir este estado de cosas,[3] pero después atacaron el dogma católico y fundaron otras iglesias cristianas separadas de la de Roma, como el luteranismo, en los países escandinavos y en Alemania, el calvinismo, sobre todo en
10 Francia y Suiza, el anglicanismo y el presbiterianismo en las Islas Británicas.

En España no llegó a prosperar[4] la Reforma, pero ya hemos visto que durante los reinados de Carlos V y sus sucesores los españoles, como campeones del Catolicismo, se vieron a menudo envueltos en[5] guerras
15 contra los protestantes.

Muchos de los soberanos del norte de Europa optaron por[6] la nueva religión y Carlos V tuvo que reconocer a los príncipes protestantes alemanes el derecho a practicar el luteranismo.

Para combatir la Reforma, la Iglesia hubo de[7] reformarse a sí misma.
20 Ésta fue la obra del Concilio de Trento (1545–1563). Es posible que de haberse reunido[8] el Concilio unos años antes la unidad cristiana se hubiera podido mantener. En 1545 era tarde para que los protestantes participaran en una asamblea semejante por haber establecido ya firmemente el fundamento de sus iglesias.
25 El Concilio sostuvo[9] la doctrina y el dogma católicos tradicionales. Reafirmó el deber de sumisión de todo cristiano a la autoridad espiritual del Papa. Conservó el latín como lengua litúrgica.[10] Prohibió el matrimonio de los sacerdotes y decidió que los curas y obispos residieran en sus

---

[1] se señala = se caracteriza
[2] por aquel entonces = en aquel tiempo
[3] este estado de cosas = esta situación
[4] no llegó a prosperar = no triunfó
[5] a menudo envueltos en = con frecuencia obligados a hacer
[6] optaron por = prefirieron
[7] hubo de = tuvo que
[8] de haberse reunido = si se hubiera reunido
[9] sostuvo (sostener) = defendió
[10] lengua litúrgica = lengua de la Iglesia

parroquias y diócesis. Corrigió los abusos y vicios de los eclesiásticos y estableció para ellos un código moral sumamente estricto. Para que todo sacerdote, cuando llegara a serlo,[11] pudiese tener una educación adecuada y una preparación espiritual suficiente, se ordenó el establecimiento de escuelas especiales denominadas «seminarios». 5

El mejor instrumento con que contó la Contrarreforma para detener los avances del protestantismo, fue la Compañía de Jesús, creada en 1540 por el español Ignacio de Loyola. Ignacio había sido soldado y era hombre sinceramente piadoso. Estableció en su Orden una disciplina severísima. La autoridad del jefe de la Compañía era absoluta. Los miembros de ella 10 habían de obedecerle sin réplica.[12] Los jesuitas lucharon contra el protestantismo por medio de la educación. Atrajeron a sus colegios a los hijos de muchos protestantes y de este modo pudieron recuperar para la fe católica extensas regiones de Alemania y del norte y centro de Europa. Además se dieron a[13] difundir el catolicismo por el mundo entero. Así, 15 uno de los discípulos de Loyola—San Francisco Javier—predicó, desde 1541, en la India, la China y el Japón. Los jesuitas tampoco tardaron en enviar[14] misiones a América y, andando el tiempo, fundaron las famosas «reducciones» del Paraguay en las que establecieron entre los indios una organización de tipo comunista-cristiano e impidieron el acceso[15] de los 20 colonizadores blancos al país.

Ignacio de Loyola fue, sin duda, el español que más contribuyó al éxito de la Contrarreforma, pero no lo hizo por el prestigio de su país. Él y sus compañeros eran internacionalistas. Sus empresas no llevaban el sello de[16] una nación determinada. Combatían «*Ad majorem Dei gloriam*». 25 Es decir, por la mayor gloria de Dios.

---

[11] cuando llegara a serlo = cuando terminara sus estudios
[12] habían de obedecerle sin réplica = tenían que obedecerle ciegamente
[13] se dieron a = se dedicaron a

[14] tampoco tardaron en enviar = enviaron muy pronto
[15] impidieron el acceso = prohibieron la entrada
[16] no llevaban el sello de = no se hacían en nombre de

LA INQUISICIÓN

La Inquisición fue un tribunal religioso cuya misión era la de velar por[17] la pureza de la fe católica. Ya había funcionado en Europa, durante ciertas ocasiones, en la Edad Media. En 1478 los Reyes Católicos pidieron al Papa que permitiese su res-
5 tablecimiento en España y desde entonces comenzó a actuar en la Península con el nombre de «Santo Oficio». El Santo Oficio en sus comienzos tuvo la tarea de[18] vigilar a los judíos y musulmanes convertidos al catolicismo y evitar que, oculta-mente, siguieran practicando sus antiguas creencias.
10 En los siglos XVI y XVII, después de aparecido el pro-testantismo, el Santo Oficio trató de impedir, y lo consiguió, que la nueva doctrina se propagara en España. Para ello estableció medios de investigación y procesos secretos y castigó a apóstatas y protestantes con las más severas penas.[19] Entre otras, la
15 muerte en la hoguera.[20]

La Inquisición ha sido una de las instituciones que han contribuído a dar a los españoles fama de intolerantes. Se olvida a menudo[21] que la Inquisición no fue sólo un tribunal de índole

---

[17] la de velar por = la de defender
[18] tuvo la tarea de = tuvo la misión de
[19] las más severas penas = los castigos más fuertes

[20] la muerte en la hoguera = la de morir quemado
[21] a menudo = con frecuencia

religiosa.[22] La base del estado español en los siglos XVI y XVII era la unidad de la fe católica. Por lo tanto pueblo y gobierno veían en judíos y protestantes no sólo un riesgo espiritual, sino un peligro capaz de destruir la cohesión nacional.[23] Es evidente que la Inquisición estuvo al servicio de una idea parecida a las ⁵ doctrinas totalitarias, pero logró impedir en España las guerras de religión que asolaron Alemania, Francia y otros países. En cambio, a la larga[24] terminó por cerrar España al pensamiento europeo y esto tuvo consecuencias funestas, especialmente para el desarrollo científico y económico de la ¹⁰ Península.

---

[22] de índole religiosa = de carácter religioso   [24] a la larga   *in the long run*
[23] la cohesión nacional = la unidad del país

PREGUNTAS

1 ¿Quiénes iniciaron, y por qué, la Reforma protestante?

2 ¿En qué países triunfó la Reforma?

3 ¿Cómo combatió la Iglesia la Reforma?

4 ¿Qué dispuso el Concilio de Trento?

5 ¿Por qué se crearon los seminarios?

6 ¿Cómo era Ignacio de Loyola?

7 ¿Qué hizo la Compañía de Jesús?

8 ¿Por qué luchaban los jesuitas?

9 ¿Qué fue la Inquisición?

10 ¿Contra quiénes actuaba?

11 ¿Cuáles fueron las dos principales misiones de la Inquisición en España?

12 ¿Qué ventajas e inconvenientes tuvo para España la Inquisición?

El Siglo de Oro: la vida

*L*os españoles durante el período que va de 1500 a 1700, acentuaron, en mentalidad y costumbres, sus diferencias con el resto de los pueblos europeos.

Ya a finales de la Edad Media el español se hallaba condicionado por[1]
5 factores muy peculiares y propios. Entre ellos hay que recordar los siguientes: en primer término[2] el espíritu de frontera, desarrollado durante la Reconquista, que hacía de la guerra[3] una actividad normal y cotidiana. En segundo lugar la difusión de la literatura imaginativa (libros de caballerías) y heroica (romances y cantares de gesta), que
10 idealizaban a los héroes y sus aventuras y ofrecían un modelo que imitar. Un tercer punto, debido también a la lucha contra los musulmanes, consistía en la tendencia a identificar religión y nacionalidad y ver en aquélla[4] la justificación y el símbolo de ésta.[4] Por último el desdén por las actividades económicas—industria, comercio, artesanía—que no co-
15 rrespondían a ninguna actitud gloriosa y que se hallaban, en general, en manos de judíos, moriscos y extranjeros.

En tales circunstancias ocurrió la expansión española en Europa y el descubrimiento de América que ofrecieron al hombre común el camino

---

[1] se hallaba condicionado por = estaba influído por
[2] en primer término = en primer lugar
[3] que hacía de la guerra = que consideraba la guerra
[4] aquélla . . . ésta *the former . . . the latter*

hacia empresas inauditas,[5] capaces de colmar sus sueños de grandeza, en tierras remotas y desconocidas. Para otros, América, con sus multitudes de indígenas paganos, posibilitaba[6] la tarea mística de ganar infinitas almas para la fe de Cristo. Ya no había porqué dedicarse a los monótonos quehaceres manuales, al trabajo rutinario, incapaz de satisfacer el ansia 5 de gloria[7] ni de procurar lo maravilloso.

Al trazarse los españoles esta idea tan unilateral de su destino, no tuvieron en cuenta ciertas circunstancias sociales y económicas que habían de operar negativamente[8] sobre el futuro. Cuando creían laborar por la grandeza y la supremacía de su país, estaban, al mismo tiempo, preparando 10 la progresiva decadencia que sufrió la nación a lo largo del siglo XVII.

España tenía, en 1500, tan sólo ocho millones de habitantes. Las continuas guerras, la colonización del Nuevo Mundo, y las expulsiones de judíos y moriscos, disminuyeron, hacia 1700, el número de los pobladores a poco más de cinco millones. Por otra parte, las guerras y la emigración 15 se llevaban del territorio el elemento más joven, emprendedor y fuerte. Además, la salida de los judíos y de los moriscos privó a España de muchos financieros, artesanos, industriales, comerciantes y, sobre todo, agricultores experimentados. El empobrecimiento que esto trajo consigo[9] fue cada vez mayor mientras que, por contraste, durante ese tiempo se 20 estaba formando en el resto de Europa una burguesía capacitada que preparó el Continente para la revolución industrial.

España, apenas sin industria, con el comercio y la banca en manos de extranjeros y la agricultura muy atrasada por la falta de trabajadores y por los privilegios concedidos a la asociación de ganaderos conocida con el 25 nombre de la Mesta, se convirtió en[10] importadora de toda clase de artículos. El oro y la plata de Indias pasaban inmediatamente a poder de las naciones que vendían a España los productos que necesitaba. Los ingresos no eran bastantes para cubrir los gastos del gobierno y por ello los impuestos y la burocracia se multiplicaron. 30

En las ciudades, en especial en Madrid, abundaban los llamados «pretendientes». Es decir, individuos que esperaban conseguir algún cargo público o algún beneficio eclesiástico.[11] Como la mayoría de ellos carecían

---

[5] empresas inauditas = empresas extraordinarias, nunca oidas
[6] posibilitaba (posibilitar) = hacía posible
[7] ansia de gloria = deseo de fama
[8] que habían de operar negativamente = que iban a ejercer una influencia negativa

[9] que esto trajo consigo = que acompañó a esto
[10] se convirtió en *became*
[11] beneficio eclesiástico *office of the church*

El Greco: El Entierro
del Conde de Orgaz

de medios para[12] sostenerse durante la espera, aumentaban la multitud de gentes sin empleo y de vida dudosa,[13] que, según las novelas del tiempo, constituían buena parte de[14] los habitantes de la ciudad. Este ambiente era, también, el preferido por pícaros y mendigos. Mientras tanto los

5 campos se despoblaban, los caminos se hallaban descuidados y las ventas y posadas eran escasas y malas.

Los núcleos urbanos más prósperos se hallaban en el este y en el sur. Así ocurría con Barcelona, Valencia, Zaragoza, Granada y Sevilla. Esta última ciudad era la más cosmopolita y rica debido al monopolio del

10 comercio con América. Madrid, la Corte, fue, como sigue siéndolo, el cruce de caminos[15] de toda España y el lugar donde literatos y artistas preferían residir porque entre los nobles y los reyes hubo muchos protectores de las letras y las artes.

---

[12] carecían de medios para = no tenían dinero para
[13] vida dudosa *shady life*

[14] buena parte de = muchos de
[15] el cruce de caminos *the crossroad*

La vida en Madrid no era monótona. Eran frecuentes las fiestas públicas, los toros y, sobre todo, el teatro. Las representaciones teatrales en el siglo XVII se verificaban en locales cerrados, llamados «corrales», con un escenario y un patio central rodeado de uno o varios pisos de galerías. Al espectáculo asistían mujeres y hombres aunque en localidades separadas. [5] Los toros solían celebrarse, en días determinados, en la Plaza Mayor que se cerraba al tráfico con vallas de madera. Los que toreaban acostumbraban a[16] hacerlo a caballo y no eran profesionales sino gente de clase social elevada.[17] Las fiestas religiosas más comunes consistían en procesiones a las que concurrían gran cantidad de fieles y al paso de las cuales se [10] adornaban las calles. Otras veces se celebraba el nacimiento o matrimonio de un príncipe o la llegada de un embajador o personaje importante. El costo de la vida—comparado con el de los países europeos—era muy alto y las gentes, especialmente los nobles, para demostrar su categoría, vivían con mayor lujo del que permitían sus medios.[18] [15]

La Corte y el Palacio Real estaban regulados[19] por una rigurosa etiqueta y se hallaban atendidos por centenares de servidores. La guardia del rey y de su palacio estaba encargada a tropas especiales. A la Corte acudían a toda hora[20] consejeros, ministros, eclesiásticos y funcionarios.

Las universidades eran muy numerosas. No se iba a ellas sólo por afán [20] de saber[21] sino porque los grados universitarios facilitaban el acceso a[22] muchos empleos públicos, a puestos importantes en la Administración y a cargos en la Iglesia. Extremadamente abundantes eran los estudiantes de Medicina. Cervantes afirma que de los cinco mil estudiantes que asistían a la Universidad de Alcalá, dos mil se preparaban para ser médicos. Sin [25] embargo, los médicos, así como los abogados, funcionarios de justicia, policías y clérigos, fueron objeto de violentas sátiras por parte de escritores, como Quevedo y otros, que los acusaban de ignorancia, pedantería y corrupción.

---

[16] acostumbraban a = solían
[17] de clase social elevada = de la nobleza
[18] del que permitían sus medios = de lo que podían gastar
[19] estaban regulados *were governed*

[20] a toda hora = continuamente
[21] por afán de saber = por deseo de conocimiento
[22] facilitaban el acceso a = permitían obtener

JUICIO[23] SOBRE LA DECADENCIA DE ESPAÑA

Ésta es la opinión de Saavedra Fajardo, un escritor del siglo XVII, en su *Idea de un príncipe político cristiano.*

«... falta la cultura de los campos, el ejercicio de las artes mecánicas, el trato y comercio a que no se aplica[24] esta nación [España], cuyo espíritu altivo y glorioso (aun en la gente plebeya) no se aquieta[25] con el estado que le señaló la naturaleza y aspira a los grados de nobleza, desestimando aquellas ocupaciones que son opuestas a ella.»

---

[23] juicio = opinión
[24] a que no se aplica = a que no se dedica
[25] no se aquieta = no está satisfecho

PREGUNTAS

1 ¿En qué consistía el espíritu de frontera de los españoles?

2 ¿Cómo veían los españoles la religión y la nacionalidad?

3 ¿Por qué desdeñaban las actividades económicas?

4 ¿Qué ofrecía América a los españoles?

5 ¿Por qué disminuyó la población de España?

6 ¿De qué se privó España al expulsar a los judíos y a los moriscos?

7 ¿Cuál era la situación económica española en el siglo XVII?

8 ¿Quiénes eran los «pretendientes»?

9 ¿Cuál era la ciudad más rica y cosmopolita de España en este período? ¿Por qué?

10 ¿Qué papel desempeñaba Madrid?

11 ¿Dónde se hacían las representaciones teatrales?

12 ¿Cuándo y dónde se celebraban las fiestas de toros?

13 ¿Cómo era la Corte?

14 ¿Por qué había tantos estudiantes en las universidades?

15 ¿A quiénes satirizaban muchos escritores? ¿Por qué?

16 ¿Cuál es el juicio de Saavedra Fajardo sobre la España de su tiempo?

65

Velázquez: Las Meninas

12

El Siglo de Oro: la cultura

*D*urante el reinado de la Casa de Austria (siglos XVI y XVII), es decir
desde la muerte de los Reyes Católicos a la de Carlos II, España llega a su
apogeo en el terreno[1] de las artes y las letras. Este período se conoce bajo
el nombre de Siglo de Oro de la literatura española. Durante esa época
se suceden[2] dos tendencias: la renacentista, que termina en la segunda
mitad del siglo XVI, y la barroca que persiste hasta finales del XVII. La
primera se caracteriza por su mayor sencillez y la imitación de modelos
latinos e italianos. La segunda, mucho más elaborada, es, también, más
realista, más preocupada por temas nacionales y populares, más inquieta
y más inclinada a la crítica y a la protesta.

En la etapa renacentista domina, como en el resto de Europa, la literatura llamada pastoril, tanto[3] en la poesía—con Garcilaso de la Vega—como[3]
en la prosa, con Jorge de Montemayor. La literatura pastoril introduce
nuevas formas de versificación, un estilo brillante y lleno de metáforas y
un lenguaje de gran elegancia. Idealiza el ambiente campesino y transforma
a los rústicos pastores en personajes cultos y de mucha sensibilidad
espiritual. El teatro de esta época también sigue de preferencia los modelos
clásicos, como puede apreciarse en Torres Naharro. Donde el lenguaje
popular se manifiesta con mayor vigor[4] es en las llamadas Crónicas de
Indias, es decir, en las historias referentes a la conquista de América,
generalmente compuestas por soldados que fueron testigos presenciales de
los hechos.[5]

Los humanistas españoles, por su parte, escriben muchas veces, como
Luis Vives, en latín por ser lengua de alcance internacional.[6] Otros, como
los hermanos Juan y Alfonso de Valdés, prefieren el castellano. En casi
todos ellos se echa de ver[7] la profunda influencia ideológica del holandés
Erasmo de Rotterdam en cuanto hace a reformas sociales, religiosas y
políticas. Erasmo, uno de los intelectuales más extraordinarios que Europa
ha producido, tuvo gran cantidad de discípulos en España, aunque nunca
vivió en ella.

---

[1] llega a su apogeo en el terreno = alcanza
su mayor gloria en el campo
[2] se suceden = aparecen una después de
otra
[3] tanto . . . como *as much . . . as*
[4] se manifiesta con mayor vigor = se
muestra con más fuerza

[5] que fueron testigos presenciales de los
hechos = que asistieron a la conquista
[6] de alcance internacional = usada en todos
los países
[7] se echa de ver = se muestra

Lope de Vega

Calderón de la Barca

En el siglo XVI surgen y llegan a su cumbre las obras de contenido religioso y místico. Entre sus cultivadores destacan San Juan de la Cruz, en poesía, y Santa Teresa de Jesús, en prosa.

En 1554 se publica *El Lazarillo de Tormes*, de autor desconocido, que inicia la serie de las «novelas picarescas». Este género novelesco, a 5 diferencia de los hasta entonces[8] preferidos, es puramente realista. Es decir, nos presenta la vida humana no como el escritor se imagina que debiera ser sino como verdaderamente es. El pícaro no tiene nada en común con los héroes de otros relatos. Por el contrario, es hombre, o mujer, de clase social baja, maltratado por la fortuna, y que generalmente 10 burla, o trata de burlar, la ley.[9] La novela picaresca ha sido una de las mayores contribuciones de España a la literatura universal. No solamente por su visión realista sino por el análisis que lleva a cabo[10] de la sociedad y de sus vicios. A ello se debió su enorme éxito en la Península y fuera de ella. 15

A principios del siglo XVII (1605) aparece la primera parte de *Don Quijote de la Mancha*, escrita por Miguel de Cervantes, y en 1615, la segunda parte del mismo libro. *Don Quijote* y Cervantes son indudablemente la novela y el novelista más famosos del mundo. Don Quijote, el héroe, cree posible realizar[11] los altos ideales de los caballeros andantes y 20 emprende con ese fin[12] sus aventuras. Acompañado por un personaje

---

[8] hasta entonces = hasta ese momento
[9] burla, o trata de burlar, la ley = elude o trata de escapar a la ley
[10] lleva a cabo *carries out*

[11] cree posible realizar = cree poder ejecutar
[12] emprende con ese fin = empieza con esa intención

Quevedo

Góngora

humilde y lleno de buen sentido, su escudero Sancho Panza, don Quijote tropieza a cada momento[13] con la realidad inexorable que le hace fracasar en sus empresas y termina por hacerle reconocer sus errores en el momento de morir. Por lo tanto don Quijote significa simbólicamente la derrota
5 del idealismo en su lucha contra los hechos concretos. Viene a ser uno de los pocos personajes literarios que representan un tipo de hombre que puede darse en cualquier tiempo o país. Por consiguiente posee un valor universal y, por otra parte, ha sido la fuente principal de que arranca[14] la novela moderna europea.
10 El teatro español del Siglo de Oro es el más fecundo de Europa en autores y en dramas. Su principal genio fue Lope de Vega que compuso— según se dice—mil ochocientas obras. Tirso de Molina, otro gran drama- turgo, creó, en *El Burlador de Sevilla*, la figura de Don Juan, hombre capaz de seducir a toda mujer y dotado de una valentía temeraria. Pedro
15 Calderón de la Barca compone un teatro de profundo sentido filosófico, como en el drama *La vida es sueño*, o de carácter simbólico-teológico, como ocurre[15] en sus «autos sacramentales».

El teatro, generalmente escrito en verso, no obedece las normas clasicistas en el siglo XVII ni respeta las reglas de unidad de tiempo, lugar y acción.
20 Es teatro de gran movimiento y alto contenido romántico.[16] Sus temas más usuales son los históricos, especialmente los derivados de romances y

---

[13] tropieza a cada momento = se encuentra continuamente
[14] de que arranca = de donde se origina
[15] como ocurre = como aparece
[16] de alto contenido romántico = de espíritu muy romántico

gestas medievales, y los religiosos. También cultiva las comedias de intriga y los dramas de honor.

En poesía las escuelas derivadas de Garcilaso dan paso, en el siglo XVII, al «culteranismo» y al «conceptismo». El culteranismo es tendencia muy esteticista. Es decir, se preocupa, ante todo, por la belleza del estilo. [5] Para conseguirlo busca palabras nuevas, emplea metáforas difíciles, se inspira en asuntos derivados de la mitología griega y latina y abusa del hipérbaton, es decir, cambia el orden normal de las palabras. Luis de Góngora lleva el culteranismo a su punto de perfección en el poema *Las Soledades*. El conceptismo, por el contrario, se cuida más de las ideas. [10] Usa un lenguaje muy rico, palabras de doble sentido y contiene alusiones oscuras referentes a personas y acontecimientos, de manera que[17] resulta tan complejo como el culteranismo. El gran poeta conceptista fue Francisco de Quevedo, notable por sus sonetos, sus sátiras en prosa y verso y otros escritos, particularmente la novela picaresca *El Buscón*. Podrían [15] reseñarse[18] centenares de autores más en poesía, novela y teatro, así como en el campo de la historia y de la prosa moral y didáctica, ya que la literatura española del XVII, como hemos dicho, es la más considerable en la Europa de entonces.

El desarrollo de la pintura corre parejas con[19] el de la literatura. Entre [20] las docenas de pintores españoles de la época figura El Greco, cuyos retratos, composiciones y paisajes poseen una originalidad sorprendente y un vivo sentimiento espiritual. Murillo, Zurbarán y Ribera prefieren los motivos religiosos, aunque el primero también pinta retratos y escenas callejeras. Pero el máximo exponente[20] de la pintura barroca española es [25] Diego de Silva y Velázquez, pintor de la Corte de Felipe IV, realista en su manera y dotado de un exquisito sentido del color. Velázquez ensayó[21] composiciones de conjunto en las que muestra su perfecta técnica, tales como los cuadros conocidos por los nombres de «Las lanzas», «Las meninas» y «Los borrachos». [30]

Los escultores Alonso de Berruguete, Gregorio Hernández, Juan Martínez Montañés y Alonso Cano, aunque pertenezcan a diferentes escuelas y empleen maneras artísticas distintas, prefieren los asuntos religiosos. Sus esculturas y grupos escultóricos denotan un realismo

---

[17] de manera que *so that*
[18] reseñarse (reseñar) *mention*
[19] corre parejas con = es semejante a

[20] máximo exponente = más representativo
[21] ensayó = hizo

extremado que traduce[22] en la expresión de los cuerpos y las caras las emociones y los dolores de los personajes.

En arquitectura se pasa del estilo renacentista italiano más puro, como, por ejemplo, el Palacio de Carlos V, en Granada, al llamado estilo herreriano, introducido por Juan de Herrera, que construye edificios de corte clásico[23] e inmensas proporciones, tal como el Escorial, su obra más conocida. Después de Herrera entramos en el pleno barroco con sus columnas en espiral[24] y su exceso de ornamentación que llega a su extremo más exagerado con José de Churriguera que edificó la Plaza Mayor de Salamanca.

En música descuella Tomás Luis de Victoria, uno de los más ilustres compositores europeos, cuyas piezas de inspiración religiosa no tienen rival.

Los españoles se destacaron también en algunas ciencias—geografía, ciencias naturales, medicina—y en el arte de la metalurgia.

CERVANTES
(*1547–1616*)

Miguel de Cervantes Saavedra, como muchos autores españoles del Siglo de Oro, tuvo una vida rica en dificultades[25] y aventuras. Nació en Alcalá de Henares, donde su padre era cirujano, en 1547. Estudió humanidades en Madrid y tal vez asistió a las universidades de Salamanca o Alcalá. Muy joven aún vivió en Italia y luego se hizo soldado e intervino en la batalla naval de Lepanto—contra los turcos—y en ella quedó inútil de la mano izquierda. Cuando, después de otra estancia en Italia, regresaba a España, el barco en que viajaba fue

---

[22] que traduce = que muestra
[23] de corte clásico = según los modelos clásicos
[24] columnas en espiral   *spiral-shaped columns*
[25] rica en dificultades = llena de dificultades

71

capturado por piratas turcos. Llevado a Argel permaneció Cervantes cinco años cautivo. En varias ocasiones puso en peligro su vida tratando de escapar, pero no lo consiguió. Por fin fue rescatado y pudo volver a España. En España se casó (1584) y desempeñó varios cargos[26] en la administración pública. ₅ Fue encarcelado en Sevilla (1602) por algún tiempo, acusado injustamente de fraude. En los últimos años de su vida, que pasó en Valladolid y en Madrid, se dedicó principalmente a escribir. Deseaba ir a América para mejorar de fortuna, pero nunca lo logró. Así como tampoco logró un cargo en Italia, que ₁₀ tambien pretendió. Murió pobre, aunque famoso, en Madrid en 1616. Sus obras son: *La Galatea* (1585), novela pastoril; *Novelas ejemplares* (1613); *Viaje del Parnaso* (1614), poesías; *Ocho comedias y ocho entremeses nuevos* (1615), teatro; *Don Quijote de la Mancha* (1605–15) y *Persiles y Segismunda* (1616), ₁₅ novelas.

---

[26] desempeñó varios cargos = tuvo varios empleos

 * * *

PREGUNTAS

1 ¿Cuándo llegó España a su apogeo en las artes y letras?

2 ¿En qué consistió la tendencia renacentista? ¿Y la barroca?

3 ¿Cómo es la literatura pastoril?

4 ¿Quiénes solían escribir las «Crónicas de Indias»?

5 ¿Quién fue Erasmo?

6 ¿Qué es el Lazarillo de Tormes?

7 ¿Por qué es importante la novela picaresca?

8 ¿Qué pretendía Don Quijote?

9 ¿Por qué es universal Don Quijote?

10 ¿De qué trata El burlador de Sevilla?

11 ¿Cómo es el teatro español del Siglo de Oro?

12 Describa usted el culteranismo y el conceptismo.

13 ¿Quién es el pintor más importante del Siglo de Oro? ¿Por qué?

14 ¿Cómo es la escultura española de los siglos XVI y XVII?

15 ¿Quién era Herrera? ¿Qué construyó?

16 ¿Qué hizo Tomás Luis de Victoria?

17 ¿Qué le sucedió a Cervantes en Lepanto?

18 ¿Qué le ocurrió en Argel?

19 ¿Cómo y dónde pasó los últimos años de su vida?

20 ¿Qué obras escribió Cervantes?

13

El siglo XVIII: Los Borbones

Muerto sin herederos directos, Carlos II dejó el trono español a Felipe V, nieto de Luis XIV de Francia.

Felipe logró ser rey después de una larga guerra (1700–1713), llamada Guerra de la Sucesión. Con él se entroniza[1] en España una nueva dinastía:
5 la de los Borbones. Los monarcas de la Casa de Borbón abren el país a la influencia francesa y tratan de modificar la mentalidad, las formas de gobierno, la economía y el régimen de vida de los españoles. El más notable de estos soberanos, Carlos III (1759–1788), fue uno de los mejores reyes que España ha tenido. Logró restaurar, en gran medida,[2] el poderío
10 de la nación, dio auge[3] a las obras públicas y desarrolló mucho el país.

Carlos III, como sus antecesores Felipe V y Fernando VI, perteneció a la tendencia que en el siglo XVIII se llamó «Ilustración» o «Despotismo ilustrado»—tendencia seguida por muchos reyes europeos de la época. La idea central de estos monarcas fue la de valerse de su poder absoluto[4]
15 para mejorar las condiciones de existencia del pueblo en general y engrandecer los países sobre los que reinaban. Carlos tenía un concepto claro de su responsabilidad y sus deberes. Era extremadamente religioso, pero no fanático, bastante instruído, muy tolerante, trabajador y de una moralidad irreprochable. Sabía que, por sí mismo, no podía hacer ni
20 decidir todo y para la mayor eficacia[5] de su gobierno, nombró ministros inteligentes, honestos, capaces y partidarios de realizar las reformas necesarias en la nación. Entre estos ministros figuraron Grimaldi y Esquilache—italianos—y Campomanes, el marqués de Floridablanca y el conde de Aranda—españoles. Compartían la filosofía política corriente en
25 la época de la Ilustración, que puede resumirse así: «todo por el pueblo, pero sin el pueblo». Es decir, consideraban que el pueblo no se hallaba, todavía, suficientemente educado para ser dueño de sus destinos[6] y trataron de prepararlo para que en un lejano futuro pudiera participar, de manera directa, en las tareas políticas. Los intelectuales y hombres de
30 ciencia tuvieron mucho prestigio en la Corte y se les hizo objeto de[7]

---

[1] con él se entroniza = con él empieza
[2] en gran medida *to a great extent*
[3] dio auge = impulsó
[4] la de valerse de su poder absoluto = la de usar su poder absoluto

[5] para la mayor eficacia = para obtener los mejores resultados
[6] ser dueño de sus destinos = hacer sus propias decisiones
[7] se les hizo objeto de = se les concedieron

distinciones y honores. Se establecieron nuevas instituciones científicas: laboratorios, jardines botánicos, museos de historia natural. Se mejoró la dotación[8] de las universidades. Se crearon escuelas especiales de ingeniería y medicina, centros de instrucción para los oficiales del ejército y la marina y academias de bellas artes, de historia y sobre todo, la Academia de la Lengua, fundada por Felipe V en 1726. Los miembros de dicha Academia fueron seleccionados entre escritores y sabios famosos. La Academia publicó una gramática normativa de la lengua castellana y el Diccionario de Autoridades, el más completo de los diccionarios españoles.

En el campo de la economía, los Borbones introdujeron nuevas industrias, mejoraron las ya existentes, quitaron dificultades al comercio internacional y anularon el monopolio que la Casa de Contratación tenía para el tráfico[9] con las colonias de América. Hicieron caminos y canales, protegieron la agricultura y fundaron nuevas poblaciones en regiones fértiles para aumentar los habitantes y la producción de las tierras. Regularizaron el correo y construyeron gran número de edificios administrativos. En las ciudades mejoraron la limpieza pública, la policía, la pavimentación, el abastecimiento de aguas y el alumbrado.

Las ciudades prosperaron mucho gracias a[10] estas reformas. Cuando falleció Carlos III existían en el país unos diez núcleos urbanos con más de cincuenta mil habitantes que, en aquella época, podían considerarse grandes metrópolis. El desarrollo general permitió, además, que el número de pobladores, que a principios de siglo no llegaba a seis millones, alcanzara la cifra de[11] once—casi el doble—hacia 1800.

Estas medidas se extendieron, igualmente, a los territorios españoles de América. Se crearon nuevos virreinatos, audiencias y capitanías generales, se impulsó[12] la economía, se liberalizó el comercio y se atendió a la difusión[13] de la cultura, fundándose nuevas bibliotecas, escuelas y universidades. Estas reformas tuvieron tal alcance[14] que, a principios del siglo XIX, México era más grande, más poblado y más rico que los Estados Unidos de aquel entonces.[15]

La política exterior de España se basó en el llamado «pacto de familia» que consistía en una alianza de los Borbones franceses y españoles. Esta

---

[8] la dotación *the budget*
[9] el tráfico = el comercio
[10] gracias a = a causa de
[11] alcanzara la cifra de = llegara a
[12] se impulsó (impulsar) = se le dio más fuerza

[13] se atendió a la difusión = se ocuparon de propagar
[14] tuvieron tal alcance = fueron tan importantes
[15] de aquél entonces = de aquella época

alianza produjo guerras contra Inglaterra y sus aliados, guerras que se desarrollaron con diversa fortuna para España.[16] España tuvo que ceder[17] algunas pequeñas colonias a Inglaterra y la plaza fuerte de Gibraltar, en territorio peninsular, que dominaba el Estrecho de su nombre.

5   Los españoles, excepto un grupo comparativamente escaso de hombres selectos y educados, no acogieron con mucho entusiasmo[18] las reformas de los Borbones. Algunas de ellas, como las disposiciones sobre la manera de vestir dadas por Esquilache, ocasionaron motines. Otras, como la expulsión de los jesuítas y la reducción de los poderes de la Inquisición, 10 resultaron muy impopulares. El pueblo español, y gran parte de la nobleza y de la Iglesia, veían con malos ojos[19] la influencia francesa y europea que estimaban contraria a la tradición nacional. Esta disconformidad se hizo más patente[20] durante el reinado de Carlos IV (1788–1808), sucesor de Carlos III, monarca débil y poco inteligente, que dejó el gobierno en 15 manos del favorito de la reina, Manuel Godoy, hombre de cierta capacidad, pero autoritario y duro, contra quien el pueblo se sublevó en varias ocasiones.

---

[16] con diversa fortuna para España : unas veces ganaba y otras perdía
[17] tuvo que ceder = se vio obligada a dar

[18] no acogieron con mucho entusiasmo = no les gustaron mucho
[19] veían con malos ojos = les desagradaba
[20] más patente = más clara

Goya: Carlos III

Feijoo

FRANCIA Y ESPAÑA

Este juicio del Padre Feijoo, escritor del siglo XVIII, se
encamina a[21] deshacer los prejuicios de los españoles contra
los franceses. Está tomado de un ensayo de Feijoo en su
Teatro Crítico Universal.

«No negaré que hay alguna diversidad de genios[22] en las dos 5
naciones. Los españoles son graves; los franceses festivos. Los
españoles misteriosos, los franceses abiertos. Los españoles
constantes, los franceses ligeros. Pero negaré que esta sea causa
bastante para que las dos naciones estén discordes.[23] La regla
de que la semejanza engendra amor y la desemejanza odio, 10
tiene tantas excepciones que pudiera borrarse del catálogo de los
axiomas. A cada paso[24] vemos diversidad en los genios sin
oposición en los ánimos. Y aun creo que dos genios perfectamente semejantes no serían los que más se amasen. Acaso se
causarían más odio que amor por no hallar uno en otro sino 15
aquello mismo que siempre posee en sí propio».

---

[21] este juicio se encamina a = esta opinión
tiene el propósito de
[22] genios = temperamentos

[23] estén discordes = no se comprendan bien
[24] a cada paso = continuamente

PREGUNTAS

1 ¿A qué influencia abrieron el país y qué trataron de hacer los Borbones?

2 ¿Qué pretendía el Despotismo Ilustrado?

3 ¿Cómo era Carlos III?

4 ¿Qué filosofía tenían los ministros de Carlos III?

5 ¿Qué nuevas instituciones científicas establecieron los Borbones?

6 ¿Cuándo se fundó la Academia de la Lengua y qué publicó?

7 ¿Qué hicieron los Borbones respecto al comercio con las colonias americanas?

8 ¿Qué reformas hicieron en los campos? ¿Y en las ciudades?

9 ¿Cómo era México por entonces?

10 ¿Qué fue el «pacto de familia»?

11 ¿Qué consecuencias trajo el pacto de familia?

12 ¿Qué disposiciones del gobierno no fueron populares?

13 ¿Quién era Godoy?

14 ¿Qué diferencias había, según Feijoo, entre españoles y franceses?

15 ¿Por qué, en opinión de Feijoo, dos personas de genio semejante pueden no amarse?

Sorolla: El Encierro

14

El siglo XVIII: Vida y cultura

*P*or contraste con el período anterior, en el siglo XVIII es escasa la producción literaria en España. Sobre el reducido[1] número de obras publicadas, debe hacerse notar que la mayoría de los autores imitan el estilo neoclásico francés, poco de acuerdo con[2] el gusto del público español de la época. Existe, sin embargo, alguna que otra[3] muestra de literatura tradicional, pero en conjunto no hay mucho que sobresalga y no hay nada que pueda compararse a las grandes obras del Siglo de Oro.

En cambio, frente a[4] esta pobreza literaria, florecen la erudición, la crítica y el ensayo. El siglo XVIII es un siglo de espíritu racionalista y, por lo tanto, prefiere el análisis a la creación. Se siente la necesidad de saber y aplicar lo que se sabe a mejorar, por la ciencia y la educación, la condición de la humanidad. Es una época más sólida que brillante e intelectualmente muy disciplinada.

Quizás el escritor más interesante que encontramos sea el Padre Feijoo. Feijoo, en su *Teatro Crítico Universal* y en sus *Cartas eruditas*, examina multiplicidad de[5] temas que van desde las creencias supersticiosas a la condición de los criollos en América, el progreso de las ciencias o las doctrinas filosóficas. De mente muy curiosa y vastísimos conocimientos,[6] Feijoo es un enciclopedista cristiano. Fue combatido en su tiempo, pero Carlos III salió en defensa suya[7] y así pudo llevar a cabo su tarea sin mayores contrariedades.

Las ciencias, y muy especialmente las naturales con Mutis y Azara, tuvieron un desenvolvimiento intenso. También se hicieron estudios muy notables en filología y lengua.

En arte se continúa la escultura de tema religioso en la llamada «escuela granadina». Se cultiva la música de cámara. Y, en arquitectura, destaca Ventura Rodríguez que proyectó gran número de hermosos edificios públicos de gusto neoclásico.

Pero el genial artista de esta etapa es el pintor Francisco de Goya y Lucientes. Goya, de origen aragonés, se estableció en Madrid en su juventud y llegó a ser pintor oficial de la Corte de Carlos IV. Goya es

---

[1] sobre el reducido = además del pequeño
[2] poco de acuerdo con = bastante diferente de
[3] alguna que otra = alguna
[4] frente a = en contraste con

[5] examina multiplicidad de = estudia muchos
[6] vastísimos conocimientos = de gran sabiduría
[7] salió en defensa suya = lo defendió

maestro inimitable en el manejo del color[8] y por eso se le ha considerado como padre del impresionismo. Sus retratos dan una maravillosa sensación de vida. Cultivó, también, la pintura al fresco y en sus cartones para tapices[9] gustaba de reproducir escenas populares: fiestas, bailes, corridas de toros y otros temas. Mención aparte merecen los «Caprichos» en los que deja rienda suelta[10] a su fantasía hasta el punto de que parecen antecedentes del superrealismo.

La manera de vivir en Madrid, y en las demás ciudades españolas, cambió bastante. Se hizo más descuidada y alegre. A ello contribuyó la mayor libertad de la mujer y su participación en la vida social. Entre la nobleza y las clases altas se implantó la costumbre[11]—tomada de Francia—de los «salones», reuniones celebradas en determinadas casas y en días prefijados. A los salones acudían gentes distinguidas, hombres y mujeres, para comentar y discutir los acontecimientos políticos y literarios. Las clases artesanas y humildes celebraban verbenas, bailes y otras fiestas muy a menudo. Algunos nobles, por reacción contra la influencia francesa, se dieron a imitar[12] las costumbres y modas del pueblo y a frecuentar las fiestas de los barrios.[13] En este período se inició también el hábito de la «tertulia». Es decir, reunirse a diario con un grupo de amigos, generalmente en un café, para charlar sobre toda clase de asuntos. Algunas tertulias se hicieron famosas por los literatos que concurrían a ellas, como la de la «Fonda de San Sebastián».

El teatro fue tan frecuentado por los aficionados a él como en el siglo XVII. Hubo en Madrid tres o cuatro teatros en cada uno de los cuales representaba una compañía que tenía un grupo de partidarios incondicionales.[14] Se ponían en escena toda clase de obras. Los llamados «sainetes», piezas cortas que satirizaban costumbres y tipos populares, estuvieron muy en boga.[15] Quien más los cultivó fue el dramaturgo madrileño, Ramón de la Cruz, verdadero maestro en este género teatral. También se representaban comedias de estilo neoclásico, cuyo autor más sobresaliente fue Leandro Fernández de Moratín.

En el siglo XVIII aparece el toreo profesional y se edifican las primeras

---

[8] en el manejo del color = en el uso de los colores
[9] cartones para tapices *models for tapestries*
[10] deja rienda suelta = da libertad
[11] se implantó la costumbre = se adoptó la costumbre
[12] se dieron a imitar = se dedicaron a imitar
[13] las fiestas de los barrios *the festivities in the suburbs*
[14] partidarios incondicionales *unconditional supporters*
[15] estuvieron muy en boga = estuvieron muy de moda

plazas de toros, consagradas solamente a[16] este espectáculo. Famosos fueron los nombres de los toreros Pepe-Hillo y Pedro Romero. La fama de este último fue tanta que hasta un conocido poeta de entonces, Nicolás Fernández de Moratín, dedicó un poema a su arte.

5   Igualmente comienza en el siglo XVIII la prensa periódica informativa. Se publicaban algunos «diarios», «semanarios» y «gacetas» que difundían las noticias importantes y llegaron, en cierto modo, a influir en la opinión pública.

---

[16] consagradas solamente a = destinadas solo a

PREGUNTAS

1 ¿Qué imitan los escritores españoles del XVIII?

2 ¿Qué prefieren los intelectuales de entonces?

3 ¿Cómo quieren mejorar la condición de la humanidad?

4 ¿De qué temas tratan los escritos del Padre Feijoo?

5 ¿Qué ciencias se desarrollan en el XVIII?

6 ¿Quién era Goya?

7 ¿Qué clase de obras produjo?

8 ¿En qué consistieron los «salones»?

9 ¿A qué se llama «tertulia»?

10 ¿Cómo se divertían las gentes del pueblo?

11 ¿Qué era el «sainete»?

12 Comente usted los toros en el siglo XVIII.

13 ¿Qué sabe usted de la prensa del siglo XVIII?

15

Principios del siglo XIX: dos conflictos

*L*os comienzos del siglo XIX ofrecen un aspecto particularmente dramático de la historia española. Después de la revolución francesa (1789–93) uno de sus generales más afortunados, Napoleón Bonaparte, terminó, en 1804, por proclamarse emperador de Francia cuando ya había
5 conquistado la mitad de Europa. España mantuvo una alianza con Napoleón en su guerra contra Inglaterra, pero las escuadras española y francesa fueron completamente destruídas por la del almirante inglés Nelson en el combate de Trafalgar (1805).

No tardó mucho en estallar[1] en Madrid un motín contra el ministro
10 Godoy, favorito de Carlos IV, que obligó al rey a destituirlo y a abdicar el trono a favor de su hijo Fernando VII. Napoleón consideró la ocasión muy propicia[2] para intervenir en España de manera directa. Llamó a Carlos y a Fernando a Bayona, en el sur de Francia, y envió un ejército a Madrid. En la entrevista de Bayona, mientras tanto, Carlos y Fernando
15 renunciaron a la corona de España a favor de Napoleón que, a su vez, la cedió a su hermano José Bonaparte.

El 2 de mayo de 1808 hubo en Madrid una rebelión popular contra los franceses que el general francés Murat dominó a sangre y fuego,[3] pero sin lograr apagar[4] el espíritu de resistencia. Los españoles se organizaron
20 en juntas provinciales y eligieron una junta nacional para reemplazar al gobierno, puesto que[5] no querían aceptar como monarca a José Bonaparte. La primera disposición de la junta fue la de pedir auxilio a Inglaterra que envió tropas, mandadas por el general Moore y más tarde por el Duque de Wellington, a la Península. Mientras, gran número de soldados franceses
25 penetraron en España por los Pirineos y ocuparon el país.

Como ocurrió en tiempos de la invasión romana los franceses tropezaron con una encarnizada oposición,[6] desorganizada y esporádica y por ello

---

[1] no tardó mucho en estallar = surgió muy pronto
[2] consideró la ocasión muy propicia = creyó que era el momento oportuno
[3] a sangre y fuego *without mercy*

[4] sin lograr apagar = sin conseguir dominar
[5] puesto que = porque
[6] una encarnizada oposición = una firme resistencia

85

más difícil de vencer. En realidad, al iniciarse la guerra, los franceses sufrieron sólo una fuerte derrota al pasar de Castilla a Andalucía. En Bailén, el general español Castaños batió,[7] totalmente, al francés Dupont. Pero, en esta lucha improvisada, las batallas campales eran lo de menos.[8] La resistencia increíble de algunas ciudades, como Zaragoza y Gerona, y, mucho más, las guerrillas que surgieron por todo el territorio, junto a la general hostilidad de la población civil, hicieron muy difícil, cuando no imposible, el abastecimiento de los ejércitos invasores y las comunicaciones entre ellos.

Los guerrilleros pertenecían a todas las clases sociales y eran diestros[9] en el arte de sorpresas y emboscadas. Algunos, como Francisco Espoz y Mina y Juan Martín «El Empecinado», dieron muestras de superior capacidad militar y organizaron sus efectivos en forma eficacísima.[10] Otros, que dirigían sólo unas docenas de hombres, se limitaron a atacar patrullas francesas y puestos aislados.

Cuando Wellington pudo romper el frente francés de Torres Vedras, en Portugal, entró en España y unido a los restos del ejército español derrotó a los franceses en Los Arapiles (1812). Poco más tarde (1813) las tropas de Napoleón abandonaron Madrid y en 1814 regresaron a Francia.

Durante la guerra, la junta central se mantuvo en Cádiz, ciudad que, por su posición geográfica, los franceses no pudieron ocupar. Entre los miembros de la junta predominaban los de ideas liberales. Gracias a ellos se redactó una constitución política, en 1812, que limitaba los poderes del rey y daba al pueblo y a sus representantes mayor participación en el gobierno, suprimía los privilegios de ciertas clases sociales y proclamaba la igualdad de todos los españoles ante la ley. Esta constitución fue aprobada por la mayoría de los diputados, pero disgustó a una minoría compuesta por absolutistas.

Justo es decir[11] que el rey José trató de gobernar a España lo mejor y más honestamente que pudo, ayudado por unos pocos españoles progresistas, a quienes se les dio el nombre de «afrancesados», que sinceramente creían en los beneficios que el nuevo régimen habría de proporcionar[12] a la

---

[7] batió (batir) = venció, derrotó
[8] las batallas campales eran lo de menos = las grandes batallas eran lo menos importante
[9] eran diestros = eran hábiles
[10] organizaron sus efectivos en forma eficacísima = organizaron sus tropas de una manera muy eficaz
[11] justo es decir = hay que admitir
[12] habría de proporcionar *would provide*

nación, tanto más cuanto que[13] José se mostraba cada día más independiente de Napoleón y más partidario de la autonomía de España. Pero la generalidad de los españoles—liberales o tradicionalistas—por sentimiento patriótico reaccionaron violentamente contra José. De tal manera que las disposiciones que dictó fueron siempre letra muerta.[14]

Cuando José volvió a Francia, acompañado de los «afrancesados» que con él se retiraron, no quedó nada en el país que lo recordara y todas sus leyes y decretos fueron anulados.

LAS REVOLUCIONES EN LA AMÉRICA ESPAÑOLA

Durante la invasión napoleónica en la Península, las colonias americanas quisieron seguir la senda de[15] los Estados Unidos y constituirse independientes. El movimiento a favor de la independencia estaba ya muy vivo[16] en la América hispana entre intelectuales y burgueses desde finales del siglo anterior. La mayor parte de estos revolucionarios eran criollos, es decir, hijos o descendientes directos de españoles. Su descontento se debía, entre otras causas, a su escasez de derechos políticos y a que los grandes cargos administrativos eran, generalmente, ocupados por funcionarios nacidos en la metrópoli.[17] De manera que los criollos participaban poco en el gobierno de sus propios países. Las ideas de las revoluciones norteamericana y francesa estimularon considerablemente el movimiento independentista. Muchos de estos criollos eran hombres ricos, brillantes, educados en España y que habían viajado por Norteamérica y Europa o habían residido en ellas. El más ilustre de los precursores de la independencia fue el venezolano Francisco de Miranda. Miranda fracasó en sus

---

[13] tanto más cuanto que *all the more because*

[14] fueron siempre letra muerta = no tuvieron ninguna validez

[15] quisieron seguir la senda de = quisieron imitar

[16] estaba ya muy vivo = era ya muy fuerte

[17] la metrópoli *the mother country (Spain)*

87

Bolívar

intentos separatistas, pero, no mucho más tarde[18] (1810), juntas locales o individuos aislados comenzaron a declarar libres del dominio español las colonias americanas.

Simón Bolívar, venezolano como Miranda y conocido bajo el sobrenombre de «El Libertador», consiguió independizar el norte de la América [5] del Sur ayudado por un grupo de caudillos entre los que destacaron Sucre, Santander y Páez. En la liberación de los territorios meridionales, el jefe más ilustre fue el argentino José de San Martín a quien se le ha llamado, por sus cualidades personales, «El Santo de la Espada». O'Higgins en Chile, Artigas en Uruguay y el Dr. Francia en Paraguay, organizaron la [10] liberación de sus respectivos países. En México, dos sacerdotes—Hidalgo y Morelos—fueron los primeros en levantarse[19] contra España seguidos por Agustín de Iturbide y otros caudillos.

No todos los hispanoamericanos tomaron parte en el movimiento de independencia. Muchos se declararon «realistas», es decir, partidarios de [15] España, y grandes masas de indios y mestizos permanecieron indiferentes. En cambio, algunos españoles peninsulares—entre otros Mina el joven, sobrino del guerrillero Espoz y Mina—tomaron parte en la guerra de liberación a favor de los criollos.

El gobierno español, ocupado en la lucha contra los franceses, no pudo [20] hacer nada al principio de la rebelión. Más tarde (1816) envió a un hábil general—Morillo—que combatió a los sublevados con cierta fortuna.[20] Sin embargo, la enorme extensión del territorio colonial, la distancia a que

---

[18] no mucho más tarde = poco después   [20] con cierta fortuna = con un éxito relativo
[19] en levantarse = en rebelarse

se hallaba, la falta de recursos económicos y militares de España, la ayuda que prestaron a los insurrectos[21] otros países y la simpatía que muchos españoles les profesaban, hicieron imposible la conservación de las colonias.

5   La batalla de Ayacucho (1824) en los Andes peruanos señala el final definitivo[22] de la lucha. Después de firmada la paz con las antiguas colonias, España sólo retuvo de su extenso imperio las islas de Cuba y Puerto Rico, las Filipinas, Guam y algunos archipiélagos de poca importancia esparcidos por el Pacífico.

---

[21] la ayuda que prestaron a los insurrectos = la ayuda que dieron a los sublevados

[22] señala el final definitivo = marca la completa terminación

PREGUNTAS

1 ¿Quién fue Napoleón Bonaparte?

2 ¿Qué sucedió en la batalla de Trafalgar?

3 ¿A qué acuerdo se llegó en la entrevista de Bayona?

4 ¿Qué ocurrió en Madrid el dos de mayo de 1808?

5 ¿Cómo se organizaron los españoles después de la invasión francesa?

6 ¿Qué derrota sufrieron los franceses al principio de la guerra?

7 ¿Quiénes eran y qué hicieron los guerrilleros?

8 ¿Qué hizo Wellington?

9 ¿Cómo era la Constitución española de 1812?

10 ¿Cómo trató de gobernar España José Bonaparte?

11 ¿Quiénes fueron los «afrancesados»?

12 ¿Cuándo y por qué surgió el deseo de independencia en la América española?

13 ¿Qué cosas estimularon a los partidarios de la independencia?

14 ¿Cómo eran muchos de los criollos?

15 ¿Qué hizo Bolívar? ¿Cómo lo llamaron?

16 ¿Quién fue José de San Martín?

17 ¿Fueron todos los hispanoamericanos partidarios de la independencia?

18 ¿Por qué no pudieron los españoles conservar sus colonias?

19 ¿Qué le quedó a España de su imperio?

89

16

De *Fernando VII*
a la revolución de septiembre

*L*a primera medida de Fernando VII cuando volvió a España consistió en abolir la Constitución de 1812 y restablecer el absolutismo que, con una breve interrupción (1820–23), mantuvo hasta su muerte (1833). El reinado de Fernando se caracterizó por una serie de persecu-
5 ciones contra liberales y constitucionalistas muchos de los cuales fueron encarcelados, desterrados, o salieron del país por su propia voluntad.[1] La escisión[2] entre las dos Españas—la liberal y la llamada tradicionalista— ya iniciada en el siglo anterior, se acentúa. Por más de cien años, esta división iba a dar origen a innumerables motines, golpes de estado[3]
10 y contiendas civiles, que habrían de impedir el desarrollo normal y el progreso de la nación.

Cuando murió Fernando dejó el trono a su hija Isabel II, bajo la regencia de la reina viuda María Cristina de Borbón. El hermano de Fernando, Don Carlos, no quiso aceptar el testamento real, ya que, según
15 él, en España había de observarse[4] la denominada «ley sálica» que excluía a las mujeres de la corona. La reina regente buscó el apoyo de los liberales, que a la muerte de Fernando se apresuraron a regresar a España, mientras que Don Carlos contaba con la ayuda de los absolutistas.

Así comenzó la primera guerra civil carlista que duró siete años (1833–
20 40). Terminada con el triunfo de los liberales y declarada Isabel mayor de edad, España no quedó tranquila. Los generales liberales victoriosos en la lucha contra los carlistas, encabezaron[5] diferentes partidos políticos, más o menos radicales, que alternaron en el poder. La estabilidad de estos gobiernos no fue mucha y la desorganización resultó casi habitual, gracias a
25 las ambiciones de los jefes militares y a las intrigas de la reina y de sus consejeros. La reina se hallaba dominada[6] por un grupo de personas de convicciones reaccionarias que, aprovechando su debilidad de carácter, la manejaban a capricho.[7] Al final del reinado, los carlistas comenzaron de

---

[1] por su propia voluntad = sin que nadie le obligara
[2] la escisión = la separación
[3] golpe de estado   coup d'état (*violent over-throw of the government*)

[4] había de observarse = había que obedecer
[5] encabezaron = dirigieron
[6] se hallaba dominada = estaba influída
[7] la manejaban a capricho = le hacían obrar como ellos querían

nuevo a agitarse y los liberales, cansados de las veleidades de la soberana,[8] promovieron una rebelión acaudillada por los generales Prim y Serrano, entre otros (septiembre, 1868). Los sublevados apenas encontraron resistencia. Proclamaron un gobierno provisional y la familia real hubo de refugiarse en Francia.

Los dos primeros tercios del siglo XIX son, para España, como casi para toda Europa, una etapa de intensos cambios políticos y sociales.

Ciertamente hasta 1833 las medidas represivas de Fernando VII lograron mantener sujetos a los españoles. Tan pronto como[9] falleció el monarca, los ciudadanos empezaron a pedir reformas de todas clases. La vuelta de los desterrados precipitó este movimiento[10] de tendencia liberal y antiabsolutista. Ya hemos dicho que el país se había dividido en dos campos políticamente opuestos. La derrota del carlismo parecía facilitar la liberalización de España ya que el ejército había estado bajo el mando de generales liberales. Estos generales, y sus partidarios civiles, formaron dos grupos políticos importantes: el de los «progresistas», dirigido por el general Espartero, y el de los «moderados», cuyo jefe fue el general Narváez. Se redactaron varias constituciones, siguiendo el modelo de[11] la de 1812, y se estableció un régimen parlamentario con representantes elegidos, a lo menos en parte, por votación popular.

Esencialmente el gobierno no parecía muy distinto a los comunes entonces[12] en la Europa Occidental. Pero, las circunstancias fueron más difíciles en España. El clero, antes tan popular, no lo era ahora por la identificación de muchos de sus miembros con el carlismo o con las ideas reaccionarias. Como consecuencia[13] estallaron, a menudo, motines contra los frailes. En estas revueltas[14] llegaron a quemarse conventos y a cometerse otros desmanes.

Durante la regencia de María Cristina, el ministro Mendizábal había decretado la abolición[15] de las órdenes religiosas y la desamortización de sus bienes.[16] Esta medida, por la forma en que se llevó a cabo,[17] no solucionó ningún problema económico. Las propiedades en cuestión,[18] consistentes

---

[8] las veleidades de la soberana *the whims of the queen*
[9] tan pronto como *as soon as*
[10] precipitó este movimiento = aceleró la marcha
[11] siguiendo el modelo de = imitando
[12] a los comunes entonces = a los que existían en aquel tiempo

[13] como consecuencia = por esta causa
[14] en estas revueltas = en estas sublevaciones
[15] había decretado la abolición = había ordenado la supresión
[16] la desamortización de sus bienes = la venta libre de sus propiedades
[17] se llevó a cabo = se hizo
[18] en cuestión = a que nos referimos

muchas de ellas en grandes fincas rurales, una vez desamortizadas fueron compradas a bajo precio[19] por hombres ricos y los campesinos pobres permanecieron en el mismo estado.

A pesar de todo, en este período sigue aumentando la riqueza nacional y
5 la burguesía se hace más numerosa e influyente. Pero, al propio tiempo,[20] aumentan las diferencias de nivel de vida[21] entre las clases sociales privilegiadas y las clases proletarias, especialmente en el sur de España. La existencia, en Andalucía y Extremadura, de grandes propietarios e inmensos dominios llamados «latifundios», en regiones cuya economía
10 se basaba totalmente en la agricultura, daba por resultado que la mayor parte de los campesinos carecieran de tierras y trabajaran como peones, con sueldos muy bajos y sólo una parte del año. Las protestas y revueltas que este estado de cosas provocó fueron reprimidas violentamente. Entonces los campesinos comenzaron a prestar oído a[22] los anarquistas y
15 algunos se dedicaron al bandidaje que fue otro azote[23] de las comarcas del sur de España. Para acabar con los bandidos y las revueltas se creó un cuerpo de policía rural, la Guardia Civil, que recorría los caminos y ejercía un continuo servicio de vigilancia.

En el Norte, en Cataluña y en Levante, la situación era mucho más
20 favorable. Abundaban los pequeños propietarios y comenzaba a implantarse la industria moderna. La industria atrajo a las ciudades un crecido número de personas que abrigaban la esperanza de[24] encontrar puestos de trabajo mejor remunerados[25] que en los campos. Pero las condiciones en que vivían los obreros industriales, no sólo en la Península sino en
25 toda Europa, resultaban muy duras. De manera que en los grandes centros españoles y en la capital existía una masa pobre e inadaptada, cada vez más inclinada a los movimientos políticos radicales.

---

[19] a bajo precio = muy baratas
[20] al propio tiempo = al mismo tiempo
[21] nivel de vida *standard of living*
[22] comenzaron a prestar oído a = comenzaron a aceptar las ideas de

[23] otro azote *another scourge*
[24] abrigaban la esperanza de = creían que podrían
[25] mejor remunerados = mejor pagados

PREGUNTAS

1 *¿Qué fue lo primero que hizo Fernando VII al volver a España?*
2 *¿Por qué se caracterizó su reinado?*
3 *¿Por qué se opuso Don Carlos a que reinara Isabel II?*
4 *¿Cómo comenzó y terminó la primera guerra carlista?*
5 *¿Por qué no tuvieron estabilidad los gobiernos de este período?*
6 *¿Qué ocurrió en septiembre de 1868?*
7 *¿En qué bandos estaba dividida España?*
8 *¿Qué grupos formaron los liberales?*
9 *¿Por qué dejó de ser popular el clero?*
10 *¿Qué hizo Mendizábal?*
11 *¿Qué eran y dónde estaban los latifundios?*
12 *¿Cómo vivían los campesinos del sur?*
13 *¿Para qué se creó la Guardia Civil?*
14 *¿Dónde era más favorable, y por qué, la situación en España?*

94

Zorrilla en su estudio

La cultura del período romántico

*L*a Guerra de la Independencia y la reacción de Fernando VII paralizaron el movimiento cultural español, casi por completo, hasta el año 1833 cuando regresaron de Francia e Inglaterra los liberales desterrados.

⁵ Estos hombres trajeron consigo un nuevo estilo literario, muy en boga[1] entonces en Europa, el romanticismo. A diferencia de[2] las tendencias predominantes en el XVIII, el romanticismo representa en literatura algo así como el liberalismo en política. Es decir, la exaltación del individuo, el acercamiento del hombre a la naturaleza, la afirmación de[3] los valores
¹⁰ nacionales y de la tradición histórica, el menosprecio de las reglas neo-clásicas y, sobre todo, la idea de que el arte y la literatura no han de subordinarse a ningún propósito especial sino que son un fin en sí mismos.[4] Por otra parte, el carácter revolucionario del romanticismo lleva a sus seguidores a idealizar[5] a la mujer, a los débiles, a los desdichados e,
¹⁵ inclusive, a gentes como el bandido, el pirata, el rebelde, el verdugo, que

---

¹ muy en boga = muy de moda
² a diferencia de = contrario a
³ la afirmación de = la defensa de

⁴ un fin en sí mismos   *end in themselves*
⁵ lleva a sus seguidores a idealizar   *leads its followers to idealize*

se hallaban al margen de la sociedad.[6] Esencialmente el romántico es anticonformista y desprecia el tiempo y el ambiente en que le ha tocado vivir.[7] Por ello se enamora del pasado—la Edad Media—o de los países remotos—el Oriente—en los que suponía habían de existir posibilidades de aventuras heroicas y elementos imprevistos y maravillosos.

España en el período barroco había desarrollado ideas y actitudes similares a las de los románticos y tal vez por ello el romanticismo español, en las letras, no tuvo la misma fuerza que en otros países europeos.

Sin embargo, produjo algunos grandes poetas como José de Espronceda y Gustavo Adolfo Bécquer. También produjo notables dramaturgos, como el Duque de Rivas, García Gutiérrez y José Zorrilla, que volvieron a utilizar temas y personajes del teatro del siglo XVII, en determinados casos. Por ejemplo, Zorrilla dio, en su *Don Juan Tenorio*, una nueva versión de *El Burlador de Sevilla* de Tirso de Molina (siglo XVII). En cuanto a la novela, la más cultivada fue la histórica que estimulaba la fantasía del lector y lo desplazaba de[8] la vida de su época.

Durante el período del romanticismo, ciertos neoclasicistas, como Manuel José Quintana, siguieron escribiendo de acuerdo con[9] los gustos del siglo XVIII. Ligado al romanticismo y sirviendo de puente hacia el realismo, aparece el costumbrismo. El costumbrismo consiste en la minuciosa observación y descripción de las costumbres, maneras de ser y tipos humanos de una región determinada. Ésta es la parte que tiene de realista. Pero la idealización del ambiente local es de raíz romántica. Viene a ser una exaltación de la divergencia de la personalidad regional acentuando las diferencias que ofrece con el resto del mundo y dándole

[6] que se hallaban al margen de la sociedad = que la sociedad no aceptaba
[7] en que le ha tocado vivir = en que vive
[8] lo desplazaba = le hacía salir
[9] de acuerdo con = según

Espronceda

Larra

un matiz[10] pintoresco y extraño. La más conocida de las novelistas de esta escuela es Cecilia Böhl de Faber que escribió bajo el seudónimo de Fernán Caballero.

En los últimos años del reinado de Fernando VII empieza a escribir el genial ensayista Mariano José de Larra (1808–36). Larra también se dedicó a la novela y al teatro, pero su verdadera vocación fue el periodismo. Sus artículos tienen una intención crítica y reformadora. Analiza los hábitos, la política y la vida española y los somete a un examen detallado,[11] poniendo de relieve[12] el provincialismo, la incapacidad administrativa y la actitud complaciente de sus contemporáneos. Larra, como más tarde habría de hacer la Generación del 98, expone la necesidad de reformar el país. El inconformismo de Larra no es del mismo género que el de los románticos sino mucho más racional y constructivo. Su pronta muerte[13] no impidió que ejerciera una enorme influencia en su tiempo y en los años sucesivos.

En el terreno de[14] la especulación filosófica, sólo merecen citarse las figuras de dos católicos conservadores: Jaime Balmes y Juan Donoso Cortés. Mucho mayor relieve[15] tiene, por el influjo que alcanzó más tarde, Julián Sanz del Río.

Sanz del Río, profesor de filosofía en la Universidad de Madrid, residió algún tiempo en Alemania donde se familiarizó con las ideas de Krause, uno de los continuadores de Kant, que le produjeron profunda impresión. A su vuelta a España, Sanz del Río propagó las doctrinas krausistas haciendo hincapié en[16] su contenido moralista y antimaterialista. Pronto tuvo numerosos discípulos. La conducta ejemplar de muchos de ellos, su devoción por el estudio y la ciencia, su honestidad y falta de ambiciones interesadas,[17] sorprendieron a los intelectuales españoles que se dieron cuenta de la necesidad urgente de cambiar el espíritu del país. El krausismo, indirectamente, consiguió otros resultados, como el de dar una conciencia política a los estudiantes y sustituir, en gran parte, la influencia francesa sobre la ciencia y la erudición peninsulares por la alemana. El pensamiento de Alemania fue considerado por los krausistas como el más sólido y serio de Europa entera.

---

[10] dándole un matiz = dándole un aspecto
[11] los somete a un examen detallado = los examina con cuidado
[12] poniendo de relieve *emphasizing*
[13] su pronta muerte = su muerte prematura
[14] en el terreno de = en el campo de

[15] mucho mayor relieve = mucha más importancia
[16] haciendo hincapié en *emphasizing*
[17] ambiciones interesadas = deseo de poder o dinero

GUSTAVO ADOLFO BÉCQUER (1837–1870)

La vida de Gustavo Adolfo Bécquer estuvo llena de pobreza, frustración amorosa, enfermedades y dolores. Las condiciones de su existencia y las características de su espíritu, hacen de su figura una de las más típicas del romanticismo, aunque el poeta escribiera en un tiempo en que las doctrinas románticas se hallaban ya en trance de desaparición.[18]

El tema principal de las *Rimas*—como llamó a su colección de poemas—es el amor. Un amor que el poeta no puede nunca alcanzar plenamente y que deja en su alma un sedimento[19] de dolor y amargura. El lenguaje de Bécquer es sencillo. Sus imágenes son claras, sus versos de gran musicalidad. Sus pensamientos resultan de una extraordinaria delicadeza. Una de sus rimas dice:

«Tu pupila es azul y cuando ríes
su claridad suave me recuerda
el trémulo fulgor[20] de la mañana
que en el mar se refleja.
Tu pupila es azul y cuando lloras
las transparentes lágrimas en ella
se me figuran gotas de rocío
sobre una violeta.
Tu pupila es azul y si en su fondo,
como un punto de luz, radia una idea,
me parece en el cielo de la tarde
una perdida estrella.»

---

[18] en trance de desaparición = a punto de desaparecer

[19] un sedimento = un fondo

[20] el trémulo fulgor = la temblorosa luz

Bécquer

PREGUNTAS

1 ¿Quiénes trajeron el romanticismo a España? ¿Cuándo?

2 ¿Qué idea tenían los románticos del arte y de la literatura?

3 ¿Qué cosas idealizaba el romanticismo?

4 ¿Por qué preferían los románticos la Edad Media y el Oriente?

5 ¿Qué temas y personajes utilizaron los dramaturgos románticos?

6 ¿Qué es el Don Juan Tenorio?

7 ¿Cómo definiría usted el costumbrismo?

8 ¿Qué criticaba Larra?

9 ¿Quién fue Larra?

10 ¿Qué hizo Sanz del Río?

11 ¿Qué produjo el krausismo en España?

12 ¿Cómo fue la vida de Bécquer?

13 ¿Cómo es la poesía de Bécquer?

14 Dé usted una interpretación personal del poema de Bécquer que se cita.   **99**

18

De *1868* a *1898*:
la vida política y económica

Alfonso XII

La revolución de septiembre triunfó sin grandes obstáculos. El gobierno presidido por el general Serrano convocó unas cortes constituyentes que votaron una constitución muy avanzada: la de 1869. Los revolucionarios eran, preponderantemente,[1] monárquicos y estimaban un
5 grave paso[2] cambiar el régimen de la nación. Pero, por otra parte, eran contrarios a la restauración de los Borbones. De manera que, después de considerar varios candidatos para el trono, fue ofrecida la corona al príncipe Amadeo de Saboya, hijo del rey de Italia y patrocinado por el general Prim.

10 El corto reinado de Amadeo (1871–73) se vio interrumpido por multitud de desórdenes. Por un lado,[3] los republicanos deseaban un cambio más radical. Por el otro,[3] los alfonsinos, partidarios de Alfonso, hijo de Isabel II, se hallaban descontentos. Por último, los carlistas no se resignaban todavía con[4] su derrota. Los carlistas terminaron por lanzarse a[5] una
15 nueva guerra civil y proclamaron soberano al llamado Carlos VII, nieto del antiguo pretendiente Don Carlos. Además la isla de Cuba se sublevó contra el dominio español reclamando su independencia. En tales circunstancias, Amadeo, que había intentado gobernar con justicia y tolerancia, renunció a la corona y marchó a Italia.

20 Casi enseguida[6] (febrero de 1873), se instauró la República en un ambiente de caótica anarquía[7] contra el que nada pudieron los cuatro presidentes que tuvo en el año que duró. Particularmente lamentable fue el «cantonalismo» que consistió en declarar autónomas o independientes del poder central docenas de ciudades y comarcas. El más famoso de los
25 cantones—Cartagena—estaba gobernado por un triunvirato constituído por un general, un almirante y un estudiante. Cartagena, base naval de importancia y cabeza de[8] una región minera, resistió por más de seis meses a las tropas enviadas por Madrid.

En estas condiciones, un grupo de militares lanzaron un manifiesto,
30 derrocaron[9] la República y nombraron rey a Alfonso XII, hijo de Isabel II, la reina destronada.

---

[1] preponderantemente = en su mayoría
[2] estimaban un grave paso = consideraban muy peligroso
[3] por un lado . . . por el otro = de una parte . . . de otra parte
[4] no se resignaban todavía con = no querían aún aceptar
[5] lanzarse a = empezar
[6] casi enseguida *almost immediately*
[7] en un ambiente de caótica anarquía = en un completo desorden
[8] cabeza de = centro de
[9] derrocaron = hicieron caer

María Cristina

La restauración monárquica fue acompañada de un régimen constitucionalista y parlamentario, con dos partidos principales: el liberal,
cuyo jefe era Sagasta y el conservador, dirigido por Cánovas del Castillo.
El nuevo sistema acabó con los desórdenes interiores, estableció costumbres
políticas menos violentas y terminó muy pronto con la segunda guerra ₅
carlista. Pero no suprimió los males que aquejaban a[10] la nación ni supo
llegar a un arreglo definitivo[11] en la cuestión colonial. El rey murió muy
joven (1885) y quedó encargada de la regencia su viuda, María Cristina de
Hapsburgo, durante la menor edad del príncipe heredero. La regente
observó escrupulosamente la constitución y liberales y conservadores se ₁₀
turnaron en el gobierno del país.

Acabamos de decir que la situación en las colonias era muy seria. En
1895 los cubanos volvieron a levantarse[12] y casi inmediatamente siguieron
su ejemplo los filipinos (1896). Las tropas españolas consiguieron algunas
victorias sobre los rebeldes, pero los Estados Unidos intervinieron a favor ₁₅
de Cuba y poco después declararon la guerra a España. A partir de ese
instante la continuación de la lucha fue imposible, sobre todo después
de haber sido hundidos por la escuadra americana los pocos y malos
barcos que España había reunido en Santiago de Cuba y en Cavite en
las Filipinas. En 1898 se firmó el tratado de París que estipulaba la ₂₀
paz[13] entre los Estados Unidos y España. A Cuba se le concedía la

---

[10] no suprimió los males que aquejaban a = no quitó las malas condiciones que había en
[11] llegar a un arreglo definitivo en = resolver definitivamente
[12] volvieron a levantarse = empezaron otra sublevación
[13] estipulaba la paz = terminaba la guerra

independencia, reservándose los americanos el derecho de intervenir en la Isla. Se cedieron a los Estados Unidos Puerto Rico, las Filipinas y Guam. En cuanto a las pequeñas islas del Pacífico, fueron vendidas a Alemania. Ése fue el final del gran imperio colonial español.

5　　Durante el período de la Restauración continuó el desarrollo económico de España, aunque con ritmo más lento[14] que en los demás países del occidente europeo. La industria textil se siguió concentrando en Barcelona y su comarca, mientras que en Vizcaya prosperaba la industria metalúrgica y en Asturias y otros puntos, la minería. Algo mejoró la agricultura. Se
10　introdujeron cultivos nuevos, como la remolacha, y hubo regiones que se especializaron en ciertos productos, como frutas, aceite y vinos, fáciles de exportar al resto de Europa. Pero, en conjunto, la agricultura siguió resintiéndose[15] de los males acostumbrados y de la desigual distribución de las propiedades campesinas.

15　　Por esta época mejoraron la marina mercante, los caminos y los ferrocarriles. Se desarrollaron las comunicaciones postales[16] y telegráficas y se instalaron los primeros tranvías, teléfonos y líneas de alumbrado eléctrico.

El número de habitantes de la nación, a finales del siglo XIX, llegaba ya
20　a los diecinueve millones. Dos ciudades—Madrid y Barcelona—contaban con quinientos mil pobladores cada una y seis más pasaban de los[17] cien mil.

El nivel de vida, salvo en el norte, en el este y en Madrid, era comparativamente bajo. Esto fue especialmente cierto en Andalucía, donde las
25　condiciones no habían cambiado en muchísimos años, y en Galicia que tenía un exceso de habitantes y cuyas tierras cultivables se hallaban extremadamente divididas. La emigración de gallegos al resto de España y a Hispanoamérica, alivió algo[18] el problema de Galicia, pero no consiguió resolverlo.

30　　Los partidos conservador y liberal mantenían en los pueblos y pequeñas ciudades una red de jefes políticos,[19] llamados por la gente «caciques», que falseaban las elecciones[20] en los lugares de su mando y, en ocasiones, sometían a la población a numerosas arbitrariedades. El presupuesto

---

[14] con ritmo más lento = con menos rapidez
[15] siguió resintiéndose = continuó sufriendo
[16] las comunicaciones postales y telegráficas *mail and telegraph service*
[17] pasaban de los = tenían más de

[18] alivió algo = mejoró un poco
[19] jefes políticos *political bosses*
[20] falseaban las elecciones = cambiaban a su favor los resultados de las elecciones

nacional y la balanza de pagos no eran favorables, tampoco. De manera que la situación económica, la corrupción política, la concentración de masas obreras en las ciudades y los bajísimos salarios de los trabajadores campesinos, constituían factores favorables para la expansión de ideas sociales revolucionarias. Como consecuencia surgieron[21] numerosas ₅ agrupaciones anarquistas, siempre prontas a[22] promover disturbios, y a recurrir, inclusive, al atentado personal.[23] Una corriente más moderada y de organización más eficaz fue la socialista. Los socialistas tuvieron muchos adeptos en Madrid y en el norte de España. Su jefe, Pablo Iglesias, pensaba que la evolución pacífica daría mejor resultado para todos que la violencia ₁₀ revolucionaria.

---

[21] como consecuencia surgieron = por estas razones aparecieron

[22] prontas a *ready to*
[23] atentado personal = al intento de asesinato

PREGUNTAS

1 ¿A quién se ofreció el trono de España después de la revolución de septiembre?

2 ¿Quiénes eran los alfonsinos y qué querían?

3 ¿Qué hicieron los carlistas?

4 ¿Qué pasó en Cuba?

5 ¿Qué terminó haciendo Amadeo de Saboya?

6 ¿Qué ocurrió durante la República?

7 ¿A qué se llamó «cantonalismo»?

8 ¿Qué sucedió con Cartagena?

9 ¿Cómo se efectuó la restauración de la Monarquía?

10 ¿Qué hizo María Cristina cuando quedó viuda?

11 ¿Cómo perdió España sus últimas colonias?

12 ¿Dónde se industrializó más España?

13 ¿Cómo se mejoró la agricultura?

14 ¿Por qué fueron peores las condiciones en Andalucía y Galicia?

15 ¿A quiénes se llamaban «caciques»?

16 ¿Qué cosas produjeron la expansión de las ideas revolucionarias de tipo social?

17 ¿Qué diferencias había entre anarquistas y socialistas?

Blasco Ibáñez

19

De 1868 a 1898:
El desarrollo intelectual

A fines del siglo XIX dos figuras destacan en el movimiento intelectual español. La primera es la de Marcelino Menéndez y Pelayo, crítico profundo y agudo, tradicionalista y católico, que ha dejado obras fundamentalísimas para el estudio de la historia y de la literatura, como la
5 *Historia de los heterodoxos españoles*, la *Historia de las ideas estéticas en España* y los *Orígenes de la novela*. La segunda figura es la de Francisco Giner de los Ríos, discípulo de Sanz del Río y profesor de la Universidad de Madrid, que decidió, por disconformidad[1] con las ideas del gobierno, renunciar a su cátedra[2] y establecer, junto con otros compañeros, la
10 Institución Libre de Enseñanza. La Institución y las escuelas dependientes de ella, de carácter laico,[3] nada tuvieron que ver[4] con las organizaciones del

---

[1] por disconformidad = porque no estaba de acuerdo
[2] renunciar a su cátedra *to resign his chair* (*professorship*)
[3] de caracter laico = sin intervención del clero
[4] nada tuvieron que ver = no tuvieron relación

estado. Giner de los Ríos reformó los métodos pedagógicos, dotando a la enseñanza de mayor eficacia y dándole un contenido idealista. La influencia de Giner fue mucha, tanto por sus dotes[5] como maestro como por la ejemplaridad irreprochable de su vida.

El gobierno, por su parte, prestó mayor atención a la educación pública y a sus problemas que los gobiernos de principios de siglo. Se construyeron gran número de escuelas primarias, se modificaron los planes de las escuelas secundarias y normales. Se crearon centros técnicos de especialización y se trató de mejorar las universidades. Las reformas, aunque insuficientes y tardías, lograron algunos buenos resultados. Un cierto número de hombres de ciencia tuvieron fama internacional. Entre ellos descuella Santiago Ramón y Cajal, gran histólogo, que obtuvo el premio Nobel.

Muchos de los estudiantes y profesores universitarios continuaron el activismo político iniciado en años anteriores y los gobernantes comenzaron a mirar[6] la universidad como centro de radicalismo y foco potencial[7] de revoluciones.

Coincidiendo con la revolución de Septiembre, se revela en España una nueva generación literaria particularmente fecunda[8] en el terreno de la novela. Podrían incluirse dentro de esto grupo a escritores, como Alarcón, cuya producción había comenzado con anterioridad[9] y a otros, como Blasco Ibáñez, que empezaron a escribir ya bien entrado el período[10] a que nos referimos.

---

[5] por sus dotes = por su capacidad
[6] comenzaron a mirar = comenzaron a considerar
[7] foco potencial = posible fuente de

[8] particularmente fecunda = muy productiva
[9] con anterioridad = años antes
[10] ya bien entrado el período = años después de comenzar la época

Galdós

En la novela de fines de siglo, triunfa la tendencia realista sobre el costumbrismo puro. De la combinación de costumbrismo y realismo surge la novela «regional» que, más o menos, atrae a muchos autores. La popularidad de esta clase de novela en España, se debió a la conciencia[11] que el español posee de las diferencias ambientales entre las diversas zonas del país y al deseo de poner de relieve[12] esas peculiaridades frente a la tónica uniformadora[13] de Madrid y las grandes ciudades.

El más conocido de los novelistas es Benito Pérez Galdós. La producción de Galdós es inmensa y sus libros presentan un acabado panorama[14] de la vida española, y particularmente madrileña, de su tiempo. Galdós puede compararse a Balzac, Dickens o Dostoïevski. Su realismo no consiste en copiar servilmente[15] lo que ve sino en la interpretación y disposición de los materiales que la realidad le ofrece, desde el lenguaje del pueblo bajo hasta la actitud psicológica de los más complicados personajes. La galería humana que da Galdós abarca todas las clases sociales y todos los aspectos de la existencia. Por eso su novelística,[16] además de sus cualidades estéticas, tiene un gran valor documental.

Galdós, hombre de sinceras convicciones liberales, creyó en la posibilidad de modificar a España y a los españoles por el trabajo y el progreso. Su visión del mundo está impregnada de sentido humano y de absoluta fe en las virtudes de la caridad, la compasión, la bondad y la justicia. Sus mejores obras—*Fortunata y Jacinta*, *Misericordia*, la serie de los *Torquemadas*—demuestran hasta qué punto el autor fue capaz de[17] vivir y hacernos vivir la historia de sus personajes. Con la excepción de Cervantes, Galdós es, sin duda, el más grande de los novelistas que España ha producido.

El novelista regional por excelencia[18] es José María de Pereda que, enamorado de su provincia, Santander, en el norte de España, nos pinta sus costas y montañas, sus aldeas y ciudades, su gente y su lenguaje, con todo detalle y cariño.

El naturalismo, que trata de aplicar un determinismo científico en la novela al suponer[19] que los personajes han de obrar de acuerdo con su

---

[11] se debió a la conciencia = tuvo como causa el conocimiento
[12] poner de relieve = dar énfasis
[13] la tónica uniformadora = la tendencia a la uniformidad
[14] un acabado panorama = una visión completa

[15] copiar servilmente = describir con todo detalle
[16] su novelística = todas sus novelas
[17] fue capaz de = pudo
[18] por excelencia = más representativo
[19] al suponer = cuando piensa o cree

herencia familiar y el ambiente en que nacen y crecen, se originó en Francia. En España fue introducido, en estos años, por la Condesa de Pardo Bazán que escribió novelas y cuentos de ambiente gallego. La mejor novela naturalista española, *La Regenta*, que describe la vida llena de vicios y prejuicios de una ciudad provinciana, fue compuesta[20] por 5 Leopoldo Alas, «Clarín». Vicente Blasco Ibáñez es otro seguidor del naturalismo, especialmente en las novelas a las que la huerta valenciana sirve de fondo.

Otros novelistas dignos de consideración[21] son Armando Palacio Valdés y Juan Valera. Entre los autores teatrales el más original tal vez 10 sea Manuel Tamayo y Baus con su obra *Un drama nuevo*. A José Echegaray, otro dramaturgo, autor de *El Gran Galeoto*, se le concedió el premio Nobel.

Dos formas de arte dramático popular, de antiguo conocidas[22] y florecientes en este período, fueron el sainete y la «zarzuela». El sainete es una comedia de costumbres, ágil y graciosa, que sólo pretende divertir a 15 los espectadores y a la que ya nos hemos referido en otro capítulo. La zarzuela es una composición que se aproxima a la comedia musical y participa, también, de las características del sainete. Tiene parte recitada y parte cantada e introduce en la escena bailes y cuadros de conjunto.[23] Algunos teatros de Madrid y provincias se dedicaron, de preferencia, a 20 esta clase de representaciones que atraían, siempre, grandes cantidades de público.

---

[20] fue compuesta = fue escrita
[21] dignos de consideración = que deben estudiarse

[22] de antiguo conocidas = conocidas mucho antes
[23] cuadros de conjunto = escenas en que toman parte todos los actores

PREGUNTAS

1 ¿Quién fue Menéndez y Pelayo?

2 ¿Qué hizo Giner de los Ríos?

3 ¿Qué hizo el gobierno respecto a la educación pública?

4 ¿Por qué desconfiaba el gobierno de las universidades?

5 ¿En qué consiste la novela regional?

6 ¿Cómo ve Galdós la realidad?

7 ¿Qué convicciones tenía Galdós? ¿En qué creía?

8 ¿Cómo definiría usted el naturalismo?

9 Hable usted de Clarín y Blasco Ibáñez.

10 ¿Qué es la zarzuela?

11 ¿Qué españoles de este período obtuvieron el premio Nobel? ¿Por qué razones?

20

De la guerra de Cuba a la Dictadura

Alfonso XIII

*E*l ritmo de aceleración histórica[1] característico del siglo XX se hace patente[2] en España, más en su desenvolvimiento interior que en su política externa, durante los veinticinco años transcurridos desde el desastre colonial hasta la subida al poder del dictador Primo de Rivera.

5 La vida política y parlamentaria marchan con aparente regularidad.[3] Como en el período de la Restauración, los dos partidos principales, liberal y conservador, se van turnando en el poder. Entre los políticos liberales destacó José Canalejas; entre los conservadores, Antonio Maura. Ambos fueron hombres inteligentes, demócratas convencidos y de buenas 10 intenciones, pero el país necesitaba grandes reformas a las que se oponían los intereses creados[4] y la complaciente inercia[5] de las clases altas y burguesas.

Proclamado mayor de edad[6] el príncipe Alfonso XIII, cesó la regencia de María Cristina (1902). El nuevo rey, por su juventud y simpatía 15 personal, consiguió pronta popularidad. Pero, entre sus defectos, se hallaba la tendencia a ejercer poderes más extensos[7] que los que la constitución nacional le permitía. Por otra parte, apenas acabada la guerra de Cuba, España emprendió otra aventura colonial: la intervención en el norte de Marruecos. El Acta de Algeciras (1904) había concedido a los franceses 20 todo el territorio marroquí en calidad de[8] protectorado, con la excepción de la zona septentrional—la más levantisca[9]—vecina al Estrecho de Gibraltar y constituída por las comarcas del Riff, Yebala y Lucus. Desde siglos atrás España poseía dos ciudades en esa región: Ceuta y Melilla. Parecía, por lo tanto, natural que a los españoles les tocara[10] la zona en 25 torno a esas ciudades, zona que, además, quedaba en la vecindad de las costas peninsulares.

Pero la materialidad de enviar, mantener y aprovisionar un ejército de ocupación entre tribus tan belicosas y amantes de la independencia

---

[1] el ritmo de aceleración histórica = la rapidez de los hechos
[2] se hace patente = se ve claro
[3] con aparente regularidad = con apariencia normal
[4] intereses creados *vested interests*
[5] la complaciente inercia = la falta absoluta de acción

[6] mayor de edad *of age*
[7] más extensos = mayores
[8] en calidad de = con carácter de
[9] septentrional—las más levantisca = en el norte—la menos pacífica
[10] les tocara = les correspondiera

como las marroquíes no era tarea fácil. Ya en el año 1909 ocurrió el primer tropiezo[11] cuando el general gobernador de Melilla quiso ocupar parte del territorio. Los moros, buenos tiradores y excelentes guerrilleros, causaron numerosas bajas en las columnas españolas y les hicieron sufrir una derrota en el monte Gurugú. Esto hubiera carecido de importancia[12] si no hubiese estado tan cercano el ejemplo de Cuba. En España casi nadie tenía el menor interés por la guerra. De manera que cuando tropas de refuerzo iban a embarcar en Barcelona con rumbo a[13] Marruecos, estalló una sublevación popular conocida con el nombre de «Semana Sangrienta». Mientras duraron los disturbios, el pueblo y ciertos grupos izquierdistas quemaron conventos y cometieron otros excesos. Como consecuencia, el gobierno tomó represalias y algunos anarquistas, entre ellos Francisco Ferrer, fueron fusilados trás[14] juicio sumarísimo.

Este episodio marca la iniciación de una serie de desórdenes que habían de enfrentar[15] las masas obreras a los partidarios del régimen tradicional mantenido por liberales y conservadores. La violencia, hasta entonces más o menos esporádica, individual y señalada por atentados anarquistas— como los que costaron la vida a Cánovas del Castillo, a Canalejas y al jefe conservador Eduardo Dato, o como los dirigidos contra el rey—se complicaba ahora con huelgas, sabotajes y movimientos de tipo colectivo.

En efecto, al margen de[16] los partidos liberal y conservador y de unos pocos diputados republicanos y carlistas, el socialismo, a pesar de las trabas que se le oponían, ganaba cada vez más afiliados y poseía notable fuerza electoral. Otro partido político, el radical, que se distinguía por su espíritu demagógico y su ardiente anticlericalismo, tomó gran vuelo[17] después de la Semana Sangrienta. Pero ni socialistas ni radicales presentaban para el orden público peligro semejante al de las organizaciones anarquistas que muy pronto dominaron, sobre todo en Barcelona, Zaragoza y ciertas ciudades andaluzas, los sindicatos obreros.

Por si fuese poco,[18] a la oposición se sumaron[19] los grupos partidarios de las autonomías regionales, catalana y vasca, que incluían algunos elementos totalmente separatistas.

Tal era la situación de España cuando estalló la primera Guerra Mundial

---

[11] el primer tropiezo = las primeras dificultades
[12] esto hubiera carecido de importancia = no hubiera tenido importancia
[13] con rumbo a = con destino a
[14] trás = después de

[15] que habían de enfrentar = que pusieron frente a frente
[16] al margen de *besides*
[17] tomó gran vuelo = alcanzó gran difusión
[18] por si fuese poco *on top of that*
[19] se sumaron *were added*

(1914–18), en la que los españoles permanecieron neutrales. Por esos años se continuó la guerra de Marruecos y la nación experimentó un rápido desarrollo económico debido a que los grandes países industriales, envueltos en el conflicto,[20] habían canalizado su producción hacia las necesidades de la lucha. Pero ni el mejoramiento económico ni la mayor capacidad manufacturera lograron acabar con la inquietud social española. La huelga general del año 1917, seguida de fuertes disturbios en el campo andaluz y en Barcelona y otras ciudades, mantuvieron un continuo fermento revolucionario.[21] Así llegó el año 1921 en el que España sufrió en Marruecos el mayor desastre colonial de su historia: la derrota de Annual. Un avance, mal preparado, del ejército español durante el mes de julio en la región del Riff, coincidió con la sublevación de las cábilas rifeñas acaudilladas por Abd-el-Krim. Las tropas españolas quedaron copadas[22] por los rifeños y miles de soldados fueron muertos, heridos o hechos prisioneros por las huestes contrarias.[23] Hasta la ciudad de Melilla se vio en peligro de ser tomada. La inmediata llegada de refuerzos impidió un desastre más grave, pero la impopularidad de la contienda marroquí aumentó en sumo grado.[24] El parlamento decidió nombrar una comisión investigadora de los hechos y esto disgustó a cierto número de militares. De manera que con una situación política poco estable, unos antagonismos sociales muy agudos, el descontento militar y la marcha poco afortunada de la guerra, el país se hallaba al borde de[25] un cambio profundo, cambio que la dictadura del general Primo de Rivera, establecida en septiembre de 1923, trató por todos los medios a su alcance[26] de impedir.

---

[20] envueltos en el conflicto = que tomaban parte en la guerra
[21] mantuvieron un continuo fermento revolucionario = continuaron en una actitud revolucionaria
[22] quedaron copadas *were cut off*

[23] por las huestes contrarias = por el enemigo
[24] en sumo grado = extraordinariamente
[25] al borde de = muy cerca de
[26] por todos los medios a su alcance = de todas las maneras posibles

UNAS PALABRAS DE GANIVET

Ángel Ganivet, escritor de fines del siglo XIX, habla de la España de su tiempo en su obra *Idearium español:*

«Un pueblo no puede, y si puede no debe, vivir sin gloria. Pero tiene muchos medios de conquistarla y además la gloria se muestra en formas varias: hay la gloria ideal, la más noble, a ₅ la que se llega por el esfuerzo de la inteligencia. Hay la gloria de la lucha del triunfo de los ideales de un pueblo contra los de otro pueblo. Hay la gloria del combate feroz por la simple dominación material. Hay la gloria más triste de aniquilarse mútuamente[27] en luchas interiores. España ha conocido todas ₁₀ las formas de la gloria y desde hace mucho tiempo disfruta a todo pasto[28] de la gloria triste. Vivimos en perpetua guerra civil. Nuestro temperamento excitado y debilitado por inacabables períodos de lucha no acierta a transformarse, a buscar un medio pacífico, ideal, de expresión y a hablar por ₁₅ signos más humanos que los de las armas.»

---

[27] de aniquilarse mútuamente   *of destroying themselves*   [28] a todo pasto = sin límite

PREGUNTAS

1 *¿Cómo era la vida política española en el primer cuarto del siglo XX?*

2 *¿Quiénes fueron Canalejas y Maura?*

3 *¿Qué cualidades y defectos tenía Alfonso XIII?*

4 *¿Qué dispuso el Acta de Algeciras?*

5 *¿Por qué no fue fácil la ocupación de Marruecos?*

6 *¿En qué consistió la Semana Sangrienta?*

7 *¿Qué nuevos partidos políticos lograron importancia?*

8 *¿A qué se debió el desarrollo de España desde 1914?*

9 *¿Qué sucedió en Marruecos en 1921?*

10 *¿Qué medida tomó el parlamento español después de la derrota de Annual?*

11 *¿Qué intentó evitar la dictadura de Primo de Rivera?*

12 *¿Cuál es, según Ganivet, la gloria más noble?*

13 *¿En qué consiste la gloria más triste?*

14 *¿Qué glorias había conocido España y de cuál disfrutaba?*

15 *¿Por qué dice Ganivet que los españoles viven en guerra civil?*

Unamuno

2I

La generación del 98

El conflicto hispanoamericano había demostrado, según ya hemos dicho, la debilidad de España como potencia,[1] su desorganización general y la falsa imagen[2] que muchos españoles tenían de su país. Un grupo de jóvenes inteligentes, muchos de los cuales se habían educado en la institución libre de enseñanza o en el extranjero, comprendieron la [5] urgencia de devolver a la nación el prestigio perdido. Estos jóvenes adoptaron una postura[3] crítica frente a las instituciones, los gobiernos, el género de vida y la cultura de su patria. La mayoría no creían en revoluciones de tipo demagógico. Algunos de ellos ni siquiera[4] estaban muy seguros de que la democracia—dada la falta de preparación de las masas[5]— [10] diera en España un resultado eficaz. Proponían, más que nada, una

---

[1] como potencia *as a war power*
[2] la falsa imagen = la idea equivocada
[3] adoptaron una postura = tomaron una actitud
[4] ni siquiera *not even*
[5] dada la falta de preparación de las masas = considerando que las masas no estaban preparadas

revolución «desde arriba», que debía consistir en renovar la disciplina espiritual y moral del pueblo y en determinar una escala de valores humanos más segura y firme. En el terreno intelectual exigían mayor honestidad, estudio y consagración al trabajo. Mantenían una actitud aristocrática y a este propósito cabe decir que[6] muchos de ellos fueron influídos no sólo por las doctrinas krausistas sino también por las ideas del filósofo alemán Nietzsche.

Los hombres del 98 estuvieron muy de acuerdo[7] en señalar los males y necesidades de España, pero no lo estuvieron en cuanto a[8] los métodos y sistemas para corregirlos. Unos, como el precursor de la Generación, Joaquín Costa, pensaban que sería bueno desprenderse un poco[9] de la tradición histórica, «cerrar con doble llave el sepulcro del Cid» y poner en práctica los principios que habían servido para engrandecer a las naciones europeas. Otros—Ganivet y Unamuno, por ejemplo—creyeron que el remedio se hallaba dentro de España y que debía consistir en estructurar de modo conveniente[10] las peculiaridades españolas sin tener que imitar los modelos ajenos.

En realidad ninguno de los escritores de 1898 poseía suficiente capacidad de acción para transformarse en hombre de estado y poner en práctica

---

[6] a este propósito cabe decir que = en relación con esto hay que decir que
[7] muy de acuerdo   *very much in agreement*
[8] en cuanto a = con relación a

[9] desprenderse un poco = separarse
[10] estructurar de modo conveniente = organizar de manera adecuada

sus proyectos. Por ello la influencia del grupo y de sus continuadores, en el campo político y social, fue escasa y siempre indirecta. En cambio, en el terreno intelectual y creativo, dieron a España un período de gloria como ésta no había conocido desde el Siglo de Oro y trajeron nuevas ideas y preocupaciones espirituales. Cultivaron los diversos géneros literarios, el arte, la filosofía, la ciencia y la música y descollaron[11] en todo ello. 5

En literatura se preocuparon tanto por el contenido como por el estilo. Como estilistas «experimentan» y tratan de encontrar expresiones acordes con[12] su tiempo y circunstancias y apartarse de los caminos usuales.[13] En investigación y en ciencia realizaron, también, una labor seria y sólida. 10

Entre los pensadores debemos citar a Ángel Ganivet y a Miguel de Unamuno. El primero, autor de *Idearium español*, analiza los fundamentos históricos de España y, de acuerdo con ellos, indica la ruta que la nación debiera seguir en el futuro. Unamuno escribió, además de novelas, poemas y ensayos de gran mérito, *La agonía del Cristianismo* y *Del sentimiento* 15 *trágico de la vida*, obras de profundo sentido filosófico y espiritual.

Azorín, seudónimo de José Martínez Ruiz, crítico, novelista y ensayista, crea una nueva prosa caracterizada por la frase corta, el lenguaje castizo y la descripción minuciosa y detallada.

Pero los novelistas más famosos de la Generación del 98 son Pío 20 Baroja y Ramón del Valle Inclán. Baroja, dotado de una prodigiosa imaginación y de una capacidad de observación muy grande, es quien mejor retrata el ambiente y las ideas de la España de comienzos del siglo XX. Entre sus novelas se cuentan *El árbol de la ciencia* y la trilogía *La lucha por la vida*, junto con una serie de relatos histórico-novelescos—las 25

---

[11] descollaron = se distinguieron
[12] acordes con = de acuerdo con

[13] apartarse de los caminos usuales = no seguir los modelos conocidos

Baroja

Machado

Valle Inclán

Memorias de un hombre de acción—que consagra a la guerra carlista. Valle Inclán, autor de las *Sonatas* y de *Tirano Banderas*, se distingue por su estilo metafórico, impresionista y brillante, su riquísimo vocabulario y su intención estética.

En poesía sobresale Antonio Machado, autor de poemas de severo contenido[14] en los que especula sobre[15] el destino humano. Enamorado de Castilla, como muchos de los intelectuales de entonces, la canta en versos que contrastan su pasada grandeza con su pobre presente.

Jacinto Benavente es el dramaturgo más notable de su tiempo. Ágil satirista, elegante y escéptico, gusta de fustigar[16] a la sociedad, como puede verse en *Los intereses creados*. A Benavente le fue otorgado el premio Nobel de literatura.

Muy ligado con la Generación del 98 está el grupo de los llamados «epígonos» (es decir, continuadores) del 98, que siguen igualmente preocupados con las ideas reformadoras en política y la perfección y precisión del lenguaje. A este grupo pertenecen el novelista Ramón Pérez de Ayala, que se aleja de la tendencia realista en sus relatos simbólico-ideológicos, como *Tigre Juan*, el poeta Juan Ramón Jiménez, otro recipiente del premio Nobel, de exquisita sensibilidad y delicadeza y, sobre todo, el gran pensador José Ortega y Gasset.

---

[14] de severo contenido = de ideas trascendentes   [15] especula sobre = trata de

[16] gusta de fustigar *likes to censure severely*

En pintura España volvió a ocupar uno de los primeros lugares en Europa. Fuera de los nombres de Zuloaga, Regoyos, Sorolla y Solana, hay otros de acusada[17] influencia y fama internacional. Así ocurre con Juan Gris, que vino a ser uno de los iniciadores del cubismo, con el abstraccionista Joan Miró y, más que con ninguno, con Pablo Picasso considerado el mayor genio de la pintura contemporánea y uno de los más grandes artistas de todos los tiempos. En cambio, los escultores son menos conocidos. En arquitectura surge, original y poderosa, la personalidad de Antonio Gaudí constructor de la iglesia de la Sagrada Familia, en Barcelona.

En música los compositores recogen y elaboran temas folklóricos que dan a sus obras carácter vigoroso y propio. Albéniz, con la «Suite Iberia», Granados, Turina y Manuel de Falla, pertenecen a esta época. Y, entre los ejecutantes, hay que mencionar al gran violoncelista Pablo Casals, que murió hace pocos años en Puerto Rico.

En el campo de la historia, la crítica literaria y la filología, España tuvo un puesto distinguido con el arabista Asín y Palacios, los historiadores Américo Castro y Claudio Sánchez Albornoz y, especialmente, Ramón Menéndez Pidal que ha sobresalido en filología, gracias a sus libros sobre los orígenes y evolución del idioma español, y en historia con *La España del Cid*.

En las ciencias físicas y matemáticas destacó, entre otros, Torres Quevedo. Al progreso de la medicina contribuyeron eficazmente los doctores Río-Hortega, Marañón, y Márquez.

---

[17] de acusada = de gran

Benavente

JOSÉ ORTEGA Y GASSET (1883–1955)

José Ortega y Gasset nació en Madrid. Se educó en España y en Alemania y todavía muy joven[18] obtuvo la cátedra de metafísica en la Universidad de Madrid. Ortega tenía una intensa vocación filosófica y una insaciable sed[19] de conoci-
5 miento. Ninguna rama del saber le fue ajena.[20] La tarea que se impuso fue la de divulgar en España los últimos movimientos culturales europeos y despertar en los españoles el deseo de incorporarse a ellos y de colaborar activamente en el pensamiento y en la técnica de Europa. Frente a los hispanizantes,
10 Ortega es europeizante. Su actitud ante España y ante el resto del mundo difiere de la de[21] la Generación del '98 en que adopta una postura objetiva frente a los problemas y trata de desentrañar su sentido[22] y encontrarles una solución práctica. A esto dedicó muchos de sus libros, artículos y ensayos. Fundó
15 la *Revista de Occidente*, una de las mejores de su tiempo, en la que colaboraron españoles y extranjeros, con el propósito de presentar una visión integral del intelecto europeo.

Sus obras, como *España invertebrada*, *La deshumanización del arte*, *La rebelión de las masas* y *Meditaciones del Quijote*,
20 traducidas a numerosas lenguas, demuestran la universalidad de su pensamiento y su extraordinaria capacidad de maestro.

---

18 todavía muy joven = cuando era muy joven
19 una insaciable sed = un afán constante
20 ninguna rama del saber le fue ajena = se interesó por todo
21 difiere de la de = es diferente a
22 desentrañar su sentido = comprender

PREGUNTAS

1 *¿Qué había demostrado el conflicto hispanoamericano?*

2 *¿Quiénes querían devolver a la nación el prestigio perdido?*

3 *¿Qué se proponían los jóvenes del 98?*

4 *¿Qué pensaba Joaquín Costa?*

5 *¿Qué creían Ganivet y Unamuno?*

6 *¿En qué terreno influyeron más los hombres del 98?*

7 *¿Qué les preocupaba en literatura a los del 98?*

8 *¿Qué analiza y propone el* Idearium español*?*

9 *¿Qué sabe usted de Pío Baroja?*

10 *¿Cómo es la poesía de Antonio Machado?*

11 *¿Quiénes eran los «epígonos» del 98 y por qué se preocuparon?*

12 *¿Qué sabe usted de Pablo Picasso?*

13 *¿Qué hicieron los compositores musicales del 98?*

14 *¿Quién es y qué hizo Ramón Menéndez Pidal?*

15 *¿Quién fue José Ortega y Gasset?*

16 *¿En qué se diferencia Ortega de la Generación del 98?*

17 *¿Qué fue la* Revista de Occidente*?*

18 *¿Qué demuestran las obras de Ortega y Gasset?*

Gaudí: Iglesia de la Sagrada Familia

22

*La Dictadura
y la segunda República*

*C*omo se ha dicho antes, la dictadura de Primo de Rivera llegó al poder por un golpe de estado y con el beneplácito[1] del rey. No hubo trastornos ni resistencia alguna. Probablemente por el malestar en que el país se encontraba y el deseo de poner término[2] a ese malestar.

5   El dictador procuró remediar algunos problemas, especialmente el de Marruecos, y comenzó un ambicioso plan de obras públicas. Tuvo la fortuna[3] de que su mandato coincidiera con una era de prosperidad universal que repercutió en España. Los rifeños de Marruecos extendieron sus ataques a la zona francesa y esto produjo la intervención del ejército
10   francés. Aliadas Francia y España contra Abd-el-Krim y tras un desembarco victorioso de las tropas españolas en el corazón del Riff, los moros se sometieron y Marruecos quedó pacificado.

En cuanto al problema social, Primo de Rivera, que había disuelto los partidos políticos, restableció el orden y permitió que los socialistas—el
15   núcleo obrero más moderado—controlaran hasta cierto punto[4] a las masas

---

[1] con el beneplácito = con la aprobación
[2] poner término a = acabar
[3] tuvo la fortuna = tuvo la suerte
[4] hasta cierto punto   *to a certain point*

de trabajadores. Estableció, para evitar huelgas, unos comités de arbitraje formados por patronos, obreros y representantes del gobierno y promulgó una legislación social favorable a los trabajadores. Impulsó la construcción de carreteras y en muchos aspectos modernizó el país. Pero, Primo de Rivera no supo retirarse a tiempo. Fundó un partido político, que había [5] de sustituir[5] a los antiguos y al que llamó Unión patriótica, de base completamente artificial, que sólo representaba los intereses creados en torno al régimen.[6] Además, no supo resolver—y más bien agravó—la cuestión de las autonomías vasca y catalana.

Para demostrar la pujanza económica española organizó simultánea- [10] mente (1929) dos grandes Exposiciones: una internacional en Barcelona, otra Iberoamericana en Sevilla. A pesar de todo,[7] la situación se había deteriorado. Los estudiantes organizaron huelgas contra el gobierno y algunos militares trataron de sublevarse. Estudiantes y militares fueron fácilmente sometidos. Pero a Primo de Rivera le faltaba el apoyo del [15] resto de la nación y hasta el rey dejó de sostenerle.[8] En consecuencia, el dictador presentó su dimisión[9] y unos meses después falleció en París donde, voluntariamente, se había desterrado, amargado por su fracaso y por lo que él estimaba ingratitud del rey.

La dictadura había tenido un propósito primordial:[10] el de salvar la [20] monarquía. En 1930, ya caído el dictador,[11] el régimen monárquico se hallaba más comprometido que nunca. Tratando de encontrar solución al asunto se formó un gobierno de transición cuya misión era la de convocar elecciones y regularizar la vida política. Este gobierno duró poco más de un año y tuvo que hacer frente a[12] todo género de disturbios. Cele- [25] bradas, por fin, las elecciones en abril de 1931, fueron ganadas por los republicanos. Inmediatamente el rey abandonó el país y la República fue proclamada.

Una vez en el poder,[13] el gobierno republicano, presidido por Manuel Azaña, intentó llevar a cabo[14] reformas en el ejército, en la enseñanza y [30] en el régimen de propiedad agrícola. Se le otorgó el voto a la mujer, se

---

[5] que había de sustituir = que sustituiría
[6] en torno al régimen = en relación con el gobierno
[7] a pesar de todo *in spite of everything*
[8] dejó de sostenerle = le retiró su ayuda
[9] presentó su dimisión *resigned*
[10] un propósito primordial = principalmente una intención

[11] ya caído el dictador = cuando el dictador ya se había ido
[12] tuvo que hacer frente a = se encontró con
[13] una vez en el poder = cuando empezó a gobernar
[14] llevar a cabo = hacer

concedió la autonomía a Cataluña y se trató de organizar la del País Vasco. En todas cuantas medidas tomaron los republicanos encontraron fuerte oposición, sobre todo por parte de los militares y el clero. La extrema izquierda, por su lado, quemó algunos conventos e iglesias y se mostró
5 indisciplinada e impaciente. Las elecciones de 1933 dieron el mando a los derechistas y católicos que, también, reprimieron con terrible dureza los movimientos sociales de tipo revolucionario que estallaron en algunas regiones, como Asturias. En 1936 la coalición de izquierdas, conocida bajo el nombre de Frente Popular, derrotó a la coalición de derechas, deno-
10 minada Frente Nacional, en las últimas elecciones que la República llevó a cabo. Mientras tanto los ánimos estaban cada vez más excitados.[15] La pequeña minoría comunista y Falange española, grupo fascista acaudi- llado por José Antonio Primo de Rivera, hijo del difunto dictador, así como otras organizaciones, mantenían milicias armadas y abundaban los
15 atentados. En estas condiciones un teniente de la Guardia de Asalto (cuerpo policíaco creado por la República) fue asesinado por los derechistas. Como represalia, el diputado de derechas Calvo Sotelo fue muerto por sus contrarios. Pocos días después empezaba la Guerra Civil.

En el tiempo de la Dictadura y la República, la literatura, la cultura y el
20 arte, no desmerecen del[16] período anterior. Hacia 1925 aparece una generación literaria que no produce novelistas excepcionales, pero sí grandes poetas y buenos dramaturgos y pintores.

Los poetas se preocuparon por la expresión estética[17] y por las corrientes vanguardistas comunes, entonces, en Europa. Entre ellos, Jorge Guillén y
25 Pedro Salinas se inclinan a la llamada «poesía pura», de tipo aristocrático, mientras que Rafael Alberti y Federico García Lorca prefieren los asuntos folklóricos y populares. Vicente Aleixandre y Gerardo Diego representan el superrealismo y el creacionismo, respectivamente.

El que alcanzó mayor fama fue García Lorca, fusilado por los sublevados
30 en Granada durante la Guerra Civil. Lorca en sus *Canciones*, su *Romancero Gitano* y en el *Llanto por Ignacio Sánchez Mejías*, utiliza todos cuantos elementos poéticos le brindan[18] el pueblo y el paisaje andaluces y com- pone unos versos ricos en imágenes extraordinarias, de gran sentido plástico y sujetos a un ritmo musical inimitable. Gracias a estas cualidades,

---

[15] los ánimos estaban cada vez más excitados = las gentes estaban más y más descontentas
[16] no desmerecen de = se pueden comparar con
[17] la expresión estética = la belleza de expresión
[18] le brindan = le ofrecen

125

García Lorca es considerado como el más completo y el más artista de los poetas españoles del siglo XX. También renovó el teatro, en el que usa temas locales que sabe elevar a universales, como en *La casa de Bernarda Alba*, *Bodas de Sangre*, y *Yerma*.

Otro dramaturgo notable es Alejandro Casona. En la novela sobresalen Ramón Gómez de la Serna que, aunque de mayor edad que los demás, corresponde a este grupo por su técnica novelística y por el estilo de su prosa. Lo mismo que Ramón Sender y Benjamín Jarnés, mientras que en el ensayo destaca José Bergamín.

En música Andrés Segovia universaliza la guitarra como instrumento y adapta a ella numerosas piezas clásicas. Oscar Esplá es un distinguido compositor y Antonia Mercé, «la Argentina», interpreta genialmente el ballet y las danzas populares españolas.

Salvador Dalí, hombre de gran flexibilidad y talento artístico, es el gran pintor del superrealismo y su obra, como la de Picasso, es conocida en todo el mundo.

En investigación literaria descuellan Dámaso Alonso y José Fernández Montesinos, discípulos de Menéndez Pidal, y continúan los progresos científicos, especialmente en medicina, con los doctores Barraquer y Jiménez Díaz.

García Lorca

CANCIÓN DE JINETE

Federico García Lorca

Córdoba.
Lejana y sola.

Jaca negra, luna grande,
y aceitunas en mi alforja.
Aunque sepa los caminos
yo nunca llegaré a Córdoba.

Por el llano, por el viento,
jaca negra, luna roja.
La muerte me está mirando
desde las torres de Córdoba.

¡Ay qué camino tan largo!
¡Ay mi jaca valerosa!
¡Ay que la muerte me espera,
antes de llegar a Córdoba!

Córdoba.
Lejana y sola.

Esta canción, de Federico García Lorca, acumula símbolos y motivos andaluces, centrados en torno a[19] Córdoba, la vieja capital de Andalucía. El jinete ve a Cordoba como refugio contra el destino. Pero la muerte, mirándole desde las torres cordobesas, le revela lo inútil[20] de su esfuerzo. El fatalismo y la angustia de esta carrera contra el tiempo[21] dan a los versos una dimensión dramática, propia de los cantos populares andaluces, que aquí se acentúa por la repetición de las palabras claves y las exclamaciones finales.

---

[19] centrados en torno a = agrupados alrededor del tema de

[20] le revela lo inútil = le muestra la futilidad
[21] carrera contra el tíempo *race against time*

PREGUNTAS

1 ¿Cómo llegó al poder la dictadura de Primo de Rivera?

2 ¿Cómo terminó la guerra de Marruecos?

3 ¿Qué hizo el dictador para evitar las huelgas?

4 ¿Qué fue la Unión patriótica?

5 ¿Por qué cayó Primo de Rivera?

6 ¿De qué manera se implantó la República?

7 ¿Qué reformas efectuó el gobierno republicano?

8 ¿Cuándo y por qué comenzó la Guerra Civil?

9 ¿De qué se preocupaban los poetas de esta época?

10 ¿Cómo es la poesía de García Lorca?

11 ¿Quiénes fueron los novelistas más notables del período?

12 ¿Quién es Salvador Dalí?

13 ¿Qué elementos poéticos hay en la « Canción de jinete »?

14 ¿Qué es lo que da dramatismo a los versos?

Picasso: Guernica

23

La Guerra Civil

*L*a Guerra Civil tuvo una duración de casi tres años. Los elementos monárquicos, tradicionalistas, falangistas y los militares habían explorado, desde largo tiempo atrás,[1] las posibilidades de derrocar la República. De todos ellos, los falangistas eran los únicos que tenían un programa social.

5   La sublevación comenzó en Marruecos, donde se levantó el ejército de guarnición,[2] y en Pamplona, donde se hallaba el cuartel general de los requetés, nombre con que se designaba a los voluntarios carlistas. Pronto fueron secundados[3] por falangistas y militares en diversos puntos de la Península. El general Sanjurjo, desterrado en Portugal, fue el elegido para

10   dirigir el movimiento. Su muerte, ocurrida por accidente, al caer el avión que había de transportarlo a España cuando salió de Lisboa, hizo que los sublevados lo sustituyeran en la jefatura por el general Francisco Franco.

---

[1] desde largo tiempo atrás = desde hacía mucho tiempo

[2] se levantó el ejército de guarnición *the garrison rose up in rebellion*

[3] fueron secundados = fueron seguidos

El gobierno republicano trató de lograr un acuerdo[4] con los militares y evitar el conflicto. Fracasado este intento[5] de los moderados, se confió el poder a un gabinete más izquierdista que, en vista de las escasas fuerzas armadas de que podía disponer,[6] decidió armar milicias civiles. Esta medida tuvo por consecuencia el fracaso de los sublevados en Madrid, 5 Barcelona y otras ciudades y regiones en las que los milicianos atacaron los cuarteles y pudieron dominar la rebelión.

En los primeros días de la contienda la confusión fue inmensa. Las zonas ocupadas por los nacionalistas—como se llamó a los sublevados—y los republicanos estaban tan entremezcladas que era muy difícil, para unos 10 y otros, establecer contactos con las de su propio bando.[7] Por otra parte, toda España se encontró súbitamente[8] envuelta en una ola de terror desencadenada por los exaltados de ambas facciones.

Cuando, a fines de 1936, cierta semblanza de orden[9] logró establecerse, los republicanos dominaban la mayoría de las grandes ciudades—entre 15 ellas Madrid, Barcelona, Valencia y Bilbao—y las regiones industriales del norte y del este, gran parte de Castilla la Nueva y el sureste de Andalucía. El resto del territorio se hallaba ocupado firmemente por los rebeldes.

Sin embargo, esta situación no podía prolongarse. Los nacionalistas contaban con mejores mandos militares,[10] con las tropas veteranas de 20 África y con el auxilio de Italia y Alemania en hombres y material. La política de «no intervención», decretada por la Sociedad de las Naciones,[11] y que nadie obedeció, favoreció en último término[12] a los nacionalistas ya que privó[13] al gobierno republicano de adquirir, legalmente, material de guerra. De todas formas[14] los republicanos recibieron, también, ayuda 25 de Rusia y de México en armamento. Además un crecido número de[15] voluntarios extranjeros, entre los que se contaban muchos americanos, organizaron en el territorio republicano las llamadas Brigadas internacionales que actuaron como tropas de choque.[16] En cuanto a los

---

[4] lograr un acuerdo = encontrar una solución
[5] fracasado este intento *after failing in this attempt*
[6] de que podía disponer = que tenía
[7] las de su propio bando = las zonas de su partido
[8] súbitamente = de pronto
[9] cierta semblanza de orden = un principio de orden

[10] mandos militares = jefes militares
[11] Sociedad de las Naciones: tribunal internacional creado en 1919, precursor de la Organización de las Naciones Unidas
[12] en último término *in the long run*
[13] ya que privó = puesto que impidió
[14] de todas formas *anyhow*
[15] un crecido número de = muchos
[16] tropas de choque *storm troops*

milicianos, pese a[17] su entusiasmo, no lograron formar huestes[18] verdaderamente disciplinadas sino cuando la guerra se hallaba en su período final.

La lucha se prolongó más por la inesperada y larga resistencia de Madrid. Málaga, en el sur, y la zona industrial del norte, fueron conquistadas por los nacionalistas y sus aliados en el 1937. A principios de ese año la derrota sufrida por los italianos en Guadalajara sólo sirvió para afianzar[19] la defensa de Madrid.

En el invierno del 37 al 38, uno de los más fríos registrados en España,[20] tuvo lugar la más sangrienta batalla de la guerra: la ofensiva republicana contra la ciudad de Teruel, seguida por una contraofensiva nacionalista que desalojó a los republicanos de sus posiciones y llegó a la costa del Mediterráneo, al norte de Valencia, separando Cataluña del resto del territorio republicano. Desde entonces, la suerte de la contienda[21] estaba decidida. A pesar de los esfuerzos de los republicanos, la superioridad de los nacionalistas en artillería y aviación era considerable. Además, los bombardeos aéreos, llevados a cabo por la aviación nacionalista, contra ciudades y pueblos de la zona gobernada por la República y la general falta de alimentos en esta zona, contribuyeron a quebrantar la moral.[22] En febrero de 1939 se efectuó la conquista de Cataluña y en abril del mismo año las tropas de Franco entraron en Madrid y la guerra se dio por acabada.

---

[17] pese a = a pesar de
[18] formar huestes ... disciplinadas = organizar un ejército ... disciplinado
[19] para afianzar = para fortalecer
[20] registrados en España = que España había conocido

[21] la suerte de la contienda = el resultado de la lucha
[22] quebrantar la moral *to break down the resistance*

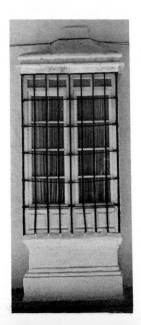

El balance del conflicto no pudo ser más trágico. Se calcula, tal vez exageradamente, que un millón de españoles perecieron en la contienda. Esta cifra incluye los muertos en el campo de batalla, en los bombardeos y en las ejecuciones de retaguardia que, en un principio, fueron muchísimas. Cientos de miles de republicanos se refugiaron en Francia, Argelia, 5 México y otros países. Entre ellos figuraban intelectuales, profesionales y técnicos de gran capacidad, así como gran número de obreros especializados. La suma[23] de muertos y desterrados representaba un ocho o nueve por ciento de la población nacional. La industria, las comunicaciones y la agricultura quedaron deshechas. Miles de ciudades y pueblos, 10 prácticamente en ruinas. Como siempre sucede, la guerra no resolvió ningún problema y los agravó todos gracias a la miseria y los odios que desencadenó. Habían de transcurrir largos años para que la paz consistiese en algo más que la sumisión de los vencidos y el desengaño de los vencedores.

15

---

[23] la suma = el total

PREGUNTAS

1 ¿Quiénes querían derrocar la República?

2 ¿Quiénes empezaron la sublevación?

3 ¿Qué ocurrió con el general Sanjurjo?

4 ¿Qué hicieron los republicanos moderados?

5 ¿Por qué los republicanos armaron milicias civiles?

6 ¿Qué ocurrió en los primeros días de la guerra?

7 ¿Qué zonas dominaban los republicanos al principio?

8 ¿Con qué auxilios contaron los nacionalistas?

9 ¿En qué consistió la «no intervención»?

10 ¿Quiénes ayudaron a los republicanos?

11 ¿Qué fue la batalla de Teruel?

12 ¿Qué quebrantó la moral de los republicanos?

13 ¿Cuándo terminó la guerra?

14 ¿Quiénes salieron de España?

15 ¿Cómo quedó el país?

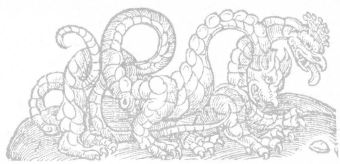

24

La posguerra

*Y*a hemos visto cuales eran las circunstancias en España al terminar la Guerra Civil. La esperada reconciliación entre los españoles no se llevó a cabo.[1] Los vencedores siguieron una política de represión, encarcelando y sometiendo a proceso[2] a millares de republicanos. Ni siquiera el territorio
5 nacional, donde algunos de los vencidos continuaron una lucha de guerrillas, se hallaba totalmente pacificado. En las ciudades ocurrieron sabotajes y atentados, y los desafectos al nuevo régimen fueron muy numerosos.

Existían, además, otros problemas, de índole interna y externa, serios
10 y difíciles. El primero consistía en las diversas tendencias de los vencedores. Los monárquicos deseaban una pronta restauración de la monarquía y el orden tradicional. Los falangistas estimaban necesario[3] implantar una nueva estructura social económicamente más justa y no eran partidarios de la monarquía ni de la preponderancia de la Iglesia o del ejército, cada
15 vez más evidentes.

La segunda Guerra Mundial, comenzada poco después de finalizar[4] la española, privó a España de recibir ayuda para su reconstrucción

---

[1] no se llevó a cabo = no se hizo
[2] sometiendo a proceso = juzgando ante un tribunal

[3] estimaban necesario = creían que se debería
[4] poco después de finalizar = poco después de terminar

interior. Ni las potencias del Eje (Alemania e Italia), ni Francia o Inglaterra, podían prestarle ningún apoyo,[5] puesto que tenían la totalidad de sus recursos comprometidos en el conflicto.

En cuanto a la Guerra Mundial misma, mientras los monárquicos se inclinaban a una neutralidad benevolente que favoreciera a Inglaterra, 5 muchos falangistas eran partidarios de la abierta intervención de España al lado de[6] Italia y Alemania, pensando que en el caso[7]—que daban por seguro[8]—de quedar el Eje victorioso, los españoles podrían ocupar Gibraltar y gran parte del norte de África. A partir de la declaración de guerra a los países del Eje por parte de Norteamérica, y de las derrotas 10 alemanas en Rusia y en África, los amigos del Eje disminuyeron de día en día.[9] La habilidad política y diplomática del jefe del gobierno hizo que España mantuviera una virtual[10] neutralidad, puesto que su sola intervención consistió en el envío a Rusia de una división de voluntarios—la División azul—en apoyo de las tropas alemanas. Ciertas concesiones 15 hicieron posible, además, la promesa de los Aliados de no invadir España y abrir en ella un frente contra el Eje. Por otra parte, la venta de materias primas y minerales diversos a los países beligerantes, moderó el desesperado desastre económico de la nación. En cuanto a[11] las diferencias entre monárquicos y falangistas, gracias a la energía de Franco y a su idea 20 de alternarlos en puestos de gobierno,[12] sin dejarles alcanzar nunca demasiada influencia, salvó la situación interna.

De todas maneras el régimen español era, sin duda, de tipo totalitario, pero con salvedades[13] entre las que figuraba el equilibrio de poder entre los partidos políticos y el ejército bajo la absoluta autoridad del jefe del 25 estado. Poco a poco el régimen se hizo más tolerante, se promulgaron numerosas amnistías y, en 1945, se decretó el llamado «Fuero de los españoles» por el que se reconocían a los ciudadanos un número de[14] derechos fundamentales. Sin embargo, no existía libertad de prensa, ni de palabra, ni de acción política. 30

Terminada la segunda Guerra Mundial, la mayoría de los países representados en las Naciones Unidas se opusieron a la entrada de

---

[5] prestarle ningún apoyo = darle ayuda
[6] al lado de = en ayuda de
[7] en el caso . . . de quedar = si resultaba
[8] que daban por seguro = que consideraban seguro
[9] de día en día = cada vez más

[10] una virtual = una casi completa
[11] en cuanto a   *as for*
[12] puestos de gobierno   *government jobs*
[13] pero con salvedades = con algunas diferencias
[14] un número de = algunos

España en esa organización, basándose en el carácter antidemocrático del gobierno español. En realidad, esta actitud favoreció, interiormente,[15] a Franco, tanto como la subsiguiente exclusión de España del Plan Marshall. Casi todos los españoles, inclusive los menos partidarios de Franco,
5 vieron en esto[16] un acto de discriminación intolerable. Acto que exacerbó el nacionalismo e impulsó el acercamiento de España a los países iberoamericanos y a las naciones árabes.

Gradualmente la presión internacional contra España se fue desvaneciendo y en el interior del país la vida se normalizó. En algunos núcleos
10 industriales ocurrieron huelgas—consideradas ilegales y reprimidas con rigor[17]—que no tenían, en realidad, carácter político sino económico. La cesión de bases navales y aéreas a Norteamérica, en territorio peninsular, transformó a España en aliada virtual de los Estados Unidos. Los préstamos e inversiones norteamericanos contribuyeron al resurgimiento de la
15 economía. España pudo, al fin, ingresar como miembro en las Naciones Unidas y afirmar, así, su posición en el mundo. Por lo que respecta a[18] Marruecos, el asunto fue casi por completo liquidado. Después de la renuncia de Francia a su zona de protectorado (1956), España se apresuró a imitar el ejemplo, evacuando las regiones marroquíes que ocupaba y
20 dejando que se unieran al Marruecos independiente.

La naciente prosperidad[19] llevó consigo una fuerte inflación. El Gobierno tomó medidas adecuadas: devaluó la moneda, liberalizó el comercio internacional y estabilizó el cambio. Estas disposiciones, junto con la creciente afluencia[20] de turistas, permitieron la acumulación de reservas
25 en moneda extranjera y una mayor firmeza económica.

Desde 1960 el gobierno concedió cada vez mayor libertad, sobre todo en el terreno social, y puso a cargo de la administración pública y de muchos altos puestos gubernamentales a técnicos bien preparados. La influencia de Falange comenzó a disminuir y por el contrario, aumentó
30 la del *Opus Dei*, organización católica de tipo laico. Gran parte de la Iglesia comenzó a preocuparse sinceramente por los problemas sociales. A partir de 1956 las detenciones por actividades contrarias al régimen disminuyeron y desde la misma fecha aumentó el regreso de emigrados políticos.

---

[15] interiormente = dentro de España
[16] vieron en esto = lo consideraron como
[17] reprimidas con rigor = controladas con dureza
[18] por lo que respecta a *as for*
[19] la naciente prosperidad = la prosperidad que acababa de empezar
[20] la creciente afluencia = el número cada vez mayor
[21] de tipo laico *made up of laymen*

Más tarde se restringió en cierto grado la censura de prensa y las huelgas por cuestiones de salario fueron más toleradas.

La evolución política desde la muerte de Franco ha sido rápida y profunda. La Constitución de 1978, aprobada por referendum, ha establecido una monarquía parlamentaria, democrática y liberal, en la que el Rey tiene poderes muy limitados. La Constitución otorga, además, a las regiones que lo deseen la posibilidad de una amplia autonomía administrativa que pudiera llevar con el tiempo a un régimen federal.

En cuanto al futuro de España es, por el momento, difícil de predecir dada la situación general del mundo. Por eso pudieran ocurrir cambios más radicales hacia la izquierda o hacia la derecha, aunque no sea probable que los haya en un tiempo próximo.

---

22 en cierto grado *to a certain point*
23 por cuestiones de salario = por razones económicas
24 dada la marcha = considerando el ritmo
25 por fuerza *necessarily*

PREGUNTAS

1 ¿Qué situación existía en España después de la Guerra Civil?

2 ¿Qué deseaban los monárquicos? ¿Y los falangistas?

3 ¿Por qué no pudo recibir España ayuda exterior?

4 ¿Por qué fueron los falangistas partidarios de intervenir en la segunda Guerra Mundial?

5 ¿Cómo se mantuvo la neutralidad española?

6 ¿Por qué mejoró algo la situación económica?

7 ¿Cómo era el régimen político español?

8 ¿Qué es el Fuero de los españoles?

9 ¿Cómo reaccionó España al ser excluída de las Naciones Unidas y del Plan Marshall?

10 ¿Qué pasó después de la cesión de bases a los Estados Unidos?

11 ¿Cómo se resolvió el asunto de Marruecos?

12 ¿Qué se hizo para combatir la inflación?

13 ¿Qué ha ocurrido en España desde 1960?

14 ¿Cuál será el posible futuro de España en política?

25

Rasgos geográficos

*C*omo dijimos al principio del libro, España ocupa las cinco sextas partes de La Península Ibérica. La Península Ibérica es la más occidental de las tres penínsulas meridionales de Europa. Su superficie, si se incluyen las Islas Canarias y Baleares, es de unos 505.000 kilómetros cuadrados, que equivalen a 194.000 millas cuadradas, aproximadamente.

Fuera de Francia y Rusia, España es el país de mayor área entre los europeos. Casi toda ella se halla rodeada por mares (el Cántabrico al norte, el Atlántico al noroeste y suroeste, el Mediterráneo al este y al sur). En el extremo sur se encuentra el Estrecho de Gibraltar. En cuanto a los límites terrestres los forman los montes Pirineos, al norte, que separan España y Francia y al oeste una serie de accidentes geográficos[1] marcan la frontera con Portugal.

Excepto Suiza, España viene a ser[2] el país de mayor altura media de Europa: unos 2.000 pies sobre el nivel del mar. Su rasgo más característico[3] consiste en la existencia de una gran meseta central encuadrada por elevadas cordilleras[4] y cortada en su centro por otra que corre de este a oeste y la divide en dos mitades.

Al nordeste de la meseta se extiende el gran valle del Ebro. Al sur de la meseta el río Guadalquivir riega la llanura andaluza, en cuyo extremo meridional se levanta la cadena montañosa más elevada de España, la Sierra Nevada, con cimas que alcanzan 11.500 pies de altura.

La parte norte de la meseta está atravesada por el río Duero, la parte sur por el Tajo y el Guadiana. Estos ríos, como el Guadalquivir y el Ebro, son de largo curso. Los demás ríos españoles son cortos y de caudal irregular en el Mediterráneo, cortos también pero de régimen más constante[5] en el Atlántico y el Cantábrico.

La disposición y altura de las montañas han determinado la formación de regiones naturales, de climas muy diversos y aspecto muy diferente, que contribuyen a darle a España su fisonomía peculiar.[6]

---

[1] una serie de accidentes geográficos = numerosas variaciones del terreno
[2] viene a ser = puede decirse que es
[3] su rasgo más característico = su aspecto típico
[4] encuadrada por elevadas cordilleras = rodeada de altas montañas
[5] de régimen más constante = con caudal más regular
[6] su fisonomía peculiar = su aspecto diferente

Hacia el nordeste la cuenca del Ebro, comprendida entre[7] los Pirineos y la Cordillera Ibérica, ocupa parte de Castilla, Aragón y casi toda Cataluña. Es región de lluvias escasas y temperaturas extremadas en verano e invierno. Las laderas de los Pirineos ofrecen un clima semejante al de las montañas suizas y en ellas las lluvias y nieves abundantes mantienen extensos bosques. La costa de Cataluña y las Islas Baleares se parecen al litoral francés del Mediterráneo. Al sur del delta del Ebro, en las comarcas de Valencia y Murcia, la sequedad es grande y la temperatura ardiente en verano y templada en invierno. Lo mismo puede afirmarse[8] de la temperatura de Andalucía, aunque en esta zona la cantidad de lluvia es mucho mayor y en las altas sierras el clima queda modificado por la altura. En la meseta norte, correspondiente a Castilla la Vieja y León, los inviernos son largos y con frecuentes nevadas, los veranos cortos y calurosos. En la meseta sur, Castilla la Nueva y Extremadura, los veranos son más calientes y los inviernos no tan rigurosos.[9] En cambio, la costa norte, siempre muy lluviosa, ofrece veranos frescos e inviernos relativamente templados. En esta zona se encuentran el País Vasco, Santander, Asturias y Galicia.

En cuanto a[10] las Islas Canarias, situadas en pleno Atlántico,[11] frente a las costas africanas del Sahara, presentan un clima tropical seco con pequeñas diferencias en la temperatura de las diversas estaciones.

Para dar idea de los contrastes que brinda España en cuestión de[12] clima y lluvia, diremos que mientras en algunos puntos de la meseta se ha llegado en invierno a 30 grados centígrados bajo cero (−22 Farenheit), en la cuenca del Guadalquivir en verano el termómetro ha subido a 50 centígrados a la sombra (122 Farenheit). En cuanto a la lluvia, algunas localidades del norte miden casi 80 pulgadas por año, en tanto que en el sureste hay puntos que no reciben más de ocho pulgadas anualmente.

Naturalmente los accidentes geográficos y el clima dan al paisaje español una extraordinaria variedad que se refleja también en las costumbres, la forma de vida, el aspecto de pueblos y ciudades y la construcción de los edificios. El norte, con sus tierras verdes y jugosas, sus costas recortadas, valles y prados coronados por montañas cubiertas de árboles, sus pintorescas aldeas, sus cielos grises y sus núcleos industriales, se diferencia mucho del resto del territorio.

---

[7] comprendida entre = limitada por
[8] puede afirmarse = se puede decir
[9] no tan rigurosos = no tan fríos
[10] en cuanto a   *as for . . .*

[11] en pleno A tlántico = en el Atlántico, lejo de la costa
[12] en cuestión de = en cuanto a

En el centro y en el valle del Ebro, con excepción de las orillas de los ríos y las laderas de las montañas, el país es llano, y de aspecto estepario, con pocos árboles, pueblos de aire severo[13] y cielos claros.

El este y sureste tienen fertilísimos oasis, especialmente las huertas de Valencia y Murcia, cielo luminoso, costas suaves y pueblos alegres. Mientras que Andalucía, gracias al alto grado de calor y a las lluvias suficientes, a la alternancia de llanuras, costas y montañas, a los pueblos de deslumbrante blancura y a la vegetación opulenta, constituye la región española que más contrasta con el resto de Europa.

[13] de aire severo = de aspecto poco alegre

PREGUNTAS

1 ¿Cuál es la posición geográfica de España?

2 ¿Cuáles son los límites de España?

3 ¿Cuál es el rasgo más característico de la Península?

4 ¿Cuáles son los grandes ríos de España? ¿Dónde se hallan?

5 ¿Qué le da a España su fisonomía peculiar?

6 ¿Cómo son el verano y el invierno en las diversas regiones españolas?

7 ¿Recuerda usted los extremos de temperatura y lluvia en España?

8 Describa el norte de España.

9 ¿Cómo es el paisaje en el centro?

10 ¿Cuál es la región española que más se diferencia de Europa? ¿Por qué?

Agricultura, ganadería y pesca

*P*or estar España comparativamente poco poblada, la agricultura del país es suficiente para las necesidades de la nación y para poder exportar notables cantidades de naranjas, frutas, aceite, vinos y hortalizas.

En la España central, el trigo, la cebada y la viña ocupan la mayor extensión de las tierras cultivadas. En el norte prosperan diversas legumbres, patatas, maíz y manzanas. En el valle del Ebro y Cataluña predominan las frutas, la remolacha, los vinos, las almendras y los cereales. El este produce, sobre todo, naranjas, arroz, cebollas y hortalizas. En Andalucía se dan vinos finos[1] (Jerez, Málaga, Montilla), aceitunas, aceite de oliva, cereales, tabaco, algodón y frutas. En las Canarias, y en una parte de la costa mediterránea andaluza, las altas temperaturas invernales permiten el crecimiento de la caña de azúcar, los plátanos, los dátiles y otras especies subtropicales.

A pesar de las variedades y posibilidades de cultivos, la agricultura española adolece de[2] inconvenientes graves. En general no se halla bastante mecanizada y los métodos que se emplean para labrar la tierra,[3] salvo en el País Vasco, Cataluña, Valencia y ciertas otras comarcas, resultan poco eficaces. Por otra parte, existe todavía el problema de los latifundios[4] en el sur y el de los minifundios[5] en el norte. La población campesina ha quedado muy reducida, frente a la que había antes. Un veinticinco por ciento de los españoles que trabajan se dedican a las actividades agrícolas. Con el fin de mejorar la producción de los campos se han construído embalses que han transformado y enriquecido muchas tierras al proporcionarles el agua de que carecían. Así ha ocurrido en parte de Extremadura donde se han fundado nuevos y prósperos pueblos. También, con objeto de hacer más económica la producción, se trata de reunir las pequeñas propiedades en fincas extensas. Numerosas aldeas, en regiones agrícolamente pobres, van siendo abandonadas por sus pobladores que emigran a las ciudades o se instalan en terrenos más fértiles.

En cuanto a los bosques de gran densidad de vegetación cubren, apenas, un doce por ciento del territorio nacional. Son más abundantes en

---

[1] vinos finos = vinos selectos
[2] adolece de = sufre de
[3] para labrar la tierra = para cultivar la tierra
[4] latifundios = fincas de grandes extensiones
[5] minifundios = pequeñas fincas

el norte, en Cataluña y en los Pirineos. El producto principal de ellos es el corcho, que es casi un monopolio español y mantiene una considerable industria. También se explotan diversas maderas empleadas para la construcción de muebles y edificios o la fabricación de pasta para papel. Desde hace largo tiempo,[6] el gobierno ha emprendido la tarea de la repoblación forestal.[7] De manera que muchas zonas, antes desnudas de arbolado, se encuentran ahora cubiertas de bosques.

La ganadería, que fue durante la Edad Media uno de los grandes recursos de España, ha disminuído en su conjunto.[8] Hay como veinte millones de ovejas que producen la famosa lana de merino considerada la mejor del mundo; unos cinco millones de vacas, dos de cabras, ocho de cerdos y, aproximadamente, dos de caballos, mulos y asnos. También está recibiendo un fuerte impulso la cría de aves de corral y la producción de huevos. Las vacas de raza en el norte, como las cabras en el este, dan grandes cantidades de leche.

La vida del campesino medio[9] ha mejorado en España en los últimos tiempos. Los peones cobran salarios relativamente elevados debido a la carencia[10] de mano de obra. Pero, como en todas partes, el obrero campesino vive más pobremente que el trabajador de la ciudad y tiene menos posibilidades de diversiones y recreos. Esto se está corrigiendo también. Los pueblos pequeños y las aldeas se han urbanizado mucho. Suelen tener un cine, un club y un café o restaurante por lo menos. Además las comunicaciones con las ciudades son fáciles, baratas y frecuentes, de manera que los campesinos no están tan aislados como en otras épocas.

La pesca es otro factor muy importante en la economía española. España es uno de los principales países pesqueros de Europa, fuera de Rusia y Noruega. La flota de pesca[11] española ha sido muy modernizada y cuenta con miles de embarcaciones que, entre todas, suman más de medio millón de toneladas de desplazamiento. Hay muchos pescadores de profesión. La actividad pesquera se concentra en las costas gallegas y cantábricas y en el suroeste y las Islas Canarias, aunque también los barcos pesqueros españoles se dedican a la pesca de altura[12] en el norte del Atlántico y en el oeste de África. El atún, la sardina y los mariscos son las

---

[6] desde hace largo tiempo = desde hace mucho tiempo
[7] la repoblación forestal = la plantación de nuevos árboles
[8] en su conjunto = en general
[9] del campesino medio *of the average farmer*
[10] a la carencia = a la escasez
[11] la flota de pesca = el conjunto de barcos pesqueros
[12] la pesca de altura = la pesca en alta mar

especies más productivas. El total de peces capturados sube del millón y medio de toneladas al año, lo que supone unos cincuenta kilos de pescado por cada español. Naturalmente, después del consumo nacional, queda un sobrante que ha originado dos industrias de importancia: la de conservas de pescado, floreciente en Santander y Vigo, y la de harina de pescado, utilizada para abono agrícola y otros efectos. En los ríos del norte de la Península abunda el salmón, y las truchas y las carpas, en los ríos del centro y en los embalses donde se han establecido criaderos especiales.

LATIFUNDIOS Y MINIFUNDIOS

La acumulación de la propiedad agrícola en pocas manos[1] ha causado en los campos de Andalucía y Extremadura un grave desequilibrio económico y social. Frente a una minoría de gentes opulentas ha existido una mayoría de peones con salarios insuficientes y cobrados tan sólo parte del año por la naturaleza temporal[2] de su trabajo. Completaba el cuadro[3] una clase media escasa y poco influyente. La diferencia de nivel de vida y de oportunidades de mejora originó, por parte de las clases más pobres, protestas y disturbios que fueron reprimidos con dureza. La emigración a otras regiones y el aumento de los jornales han aliviado, pero no resuelto, el problema.

En cuanto al minifundio, que afecta sobre todo a Galicia, ha surgido de divisiones y subdivisiones de propiedades pequeñas que los campesinos distribuían por partes iguales entre sus hijos. Lo que correspondía a cada uno de ellos, en general, no podía mantener una familia. Por consiguiente el propietario se veía obligado a emigrar o a buscar trabajo suplementario. Sin embargo raramente vendía a nadie su terreno y prefería conservarlo aunque no le produjera beneficios apreciables.[4]

Gracias a semejantes sistemas agrícolas, tanto Andalucía como Galicia han perdido y pierden habitantes. La solución consistiría en la industrialización y la explotación racional de los recursos que poseen.

---

[1] pocas manos = pocas personas
[2] temporal *seasonal*

[3] el cuadro = el conjunto
[4] beneficios apreciables *any income or gain*

PREGUNTAS

1 ¿Qué productos agrícolas exporta más España?

2 ¿Qué especies subtropicales se cultivan en España?

3 ¿De qué inconvenientes adolece la agricultura española?

4 ¿Con qué objeto se han construído los embalses?

5 ¿Dónde se establece la gente que abandona las aldeas?

6 ¿Qué producen los bosques españoles?

7 ¿Cómo es la vida del campesino en España?

8 ¿Qué ha ocurrido en los pueblos pequeños?

9 ¿Dónde se concentra la pesca?

10 ¿Qué industrias ha originado la pesca?

11 ¿Qué es un latifundio?

12 ¿Qué es un minifundio?

13 ¿Qué inconvenientes tienen latifundios y minifundios?

27

Minería y desarrollo industrial

Desde la más remota antigüedad, España ha sido considerada extremadamente rica en toda clase de minerales. Aunque muchos de los yacimientos, debido a una explotación secular,[1] se hallen agotados, todavía existen numerosas minas de los más diversos productos.

5 Sin embargo, los combustibles, elemento indispensable para la gran industria moderna, no abundan demasiado. El carbón—hulla y lignito—produce entre 15 y 20 millones de toneladas anuales, cantidad que no llega a cubrir el consumo nacional. Las principales cuencas carboníferas[2] se encuentran en Asturias. Hay otras menores en Teruel y el norte de 10 Andalucía. En cuanto al petróleo se supone existan[3] yacimientos importantes, pero las explotaciones, hasta ahora, han dado poco resultado. En cambio, los minerales que contienen uranio son frecuentes en la Península.

De buena calidad y muy abundantes son los minerales de hierro (Vizcaya, Teruel, el sureste) y los de plomo—con frecuencia asociado a la 15 plata—en Andalucía y en Levante. Huelva es notable por sus piritas. En proporciones menores se encuentran el cobre, zinc y otros metales. España es el primer país del mundo en la producción de mercurio. Se extraen, además, en gran cantidad, fosfatos, potasa, sal y azufre.

---

[1] explotación secular = explotación por muchos siglos
[2] cuencas carboníferas coalfields
[3] se supone existan = se cree que pueden existir

La minería ha dado origen a numerosas industrias de fundición y transformación. Estas industrias se concentran, principalmente, en Asturias, Santander, Vizcaya, Huelva y Cartagena.

Por lo que hace a la energía eléctrica la producción va en contínuo aumento[4] y produce noventa mil millones de kilovatios, lo que permite una cierta exportación de electricidad. Dos terceras partes, o más, de la energía eléctrica que se produce proviene del aprovechamiento de saltos de agua en las cuencas de los grandes ríos o en la zona de los Pirineos. El resto se genera en plantas térmicas que funcionan, en general, en las grandes ciudades del este y del sur. Una pequeña parte de la energía es, también, producida por reactores nucleares.

La industria fabril y manufacturera no está tan desarrollada como permitiría esperar[5] la riqueza del país en minerales y materias primas. No obstante, cada día hace mayores progresos y exporta un número más crecido de artículos.

Comenzando por las industrias pesadas, la del hierro y acero tiene su sede en el norte donde se levantan la mayoría de los altos hornos y fundiciones con especial concentración en las ciudades de Bilbao y Avilés. En el este surgen aislados los altos hornos de Sagunto, cerca de Valencia, mientras en el sur se está desarrollando el gran complejo metalúrgico de Huelva. Las actividades relativas al acero están, en parte, dirigidas por una organización del gobierno: el Instituto Nacional de Industrias. En parte, también, se deben a la iniciativa privada.

La fabricación de maquinaria de todas clases y de material de ferrocarril se lleva a cabo[6] en Bilbao, Barcelona y Zaragoza. Sevilla, Toledo, Santander y Asturias, manufacturan armas. España produce bastantes automóviles y camiones por año; está en el noveno lugar del mundo en esta industria. Las fábricas más importantes de automóviles se hallan en Barcelona, Valladolid, Madrid y Valencia.

Industria de larga tradición en España es la de las construcciones navales. Los astilleros principales están situados en Cádiz, El Ferrol, Bilbao y Cartagena. Se botan[7] muchos buques cada año no sólo para la marina mercante nacional sino para la exportación. Algunos de los

---

[4] va en continuo aumento = aumenta cada año
[5] como permitiría esperar = como podría esperarse de
[6] se lleva a cabo = se hace
[7] se botan *are launched*

barcos cisternas (petroleros) que se fabrican sobrepasan las cien mil toneladas de desplazamiento.

Otra antigua industria española, muy floreciente, es la textil—algodón, lana, fibras artificiales—cuyos productos se exportan en notable medida y cuyo centro más activo se encuentra en Barcelona y su provincia.

Las fábricas de aparatos eléctricos y electrodomésticos, (radios, televisión, teléfonos, lámparas) se sitúan de preferencia en Madrid, lo mismo que la óptica y los aparatos científicos e instrumentos de precisión.

Otras industrias que deben anotarse son las de cueros y calzados, productos químicos y farmacéuticos, materias plásticas, artículos alimenticios (sobre todo azúcar, cerveza, vinos y conservas),[8] papel, muebles, cerámica y vidrio.

Mención especial merecen el cemento, difundido por todo el territorio, la industria del aluminio en Valladolid y los pneumáticos y artículos de caucho con sede principal en Cataluña.

En los últimos años se ha desarrollado mucho la denominada industria de artesanía que produce todo género de artículos destinados al turismo (muñecas, mantillas, encajes, objetos de filigrana, joyas incrustadas) que suelen adquirir como recuerdo de su estancia en España los extranjeros que visitan el país.

[8] conservas   *canned food*

Exportación del vino

EL OBRERO INDUSTRIAL

La vida del obrero en España, en cuanto a salario o nivel general de existencia,[9] es difícilmente comparable a la del obrero de los Estados Unidos, pero sí admite comparación con la de otros trabajadores europeos, sobre todo cuando se trata de obreros técnicos o especialistas. Esta clase de trabajadores pueden ganar cantidades que les permiten vivir con holgura[10] y hasta poseer automóvil. Los no especializados, particularmente los peones, reciben jornales considerablemente más bajos. El sueldo del obrero en España no depende sólo de su habilidad o capacidad de trabajo sino, también, del número de años que lleva en la empresa, de la cantidad de hijos que tiene y de otros factores. De manera que el salario total puede ser superior al normal hasta en un veinte o veinticinco por ciento.

El obrero tiene vacaciones y fiestas pagadas y seguros de accidente, enfermedad, vida y desempleo. En lo que respecta a la vivienda, hace diez o doce años la emigración incontrolada a las ciudades determinó que[11] muchos de los trabajadores emigrantes, por falta de alojamientos modestos,[12] se instalaran en arrabales sin urbanizar donde ellos mismos construían sus casitas o cabañas llamadas «chabolas». Por fortuna, tales suburbios van desapareciendo ahora. Han sido reemplazados por grandes edificios de apartamentos cuya construcción han subvencionado el gobierno, los sindicatos y otras instituciones. En estas nuevas viviendas, limpias y confortables, los obreros pagan una renta muy reducida o, si lo prefieren, pueden comprar su casa o apartamento abonando anualmente una parte del precio.

Teniendo en cuenta el costo de la vida en España y las prestaciones[13] que el obrero recibe, el sueldo real es casi siempre mayor que el nominal.

---

[9] nivel general de existencia *general standard of living*
[10] holgura *comfort*
[11] determinó que = hizo que

[12] por falta de alojamientos modestos = porque no había casas baratas
[13] las prestaciones = las ventajas económicas

Durante el período franquista el obrero estaba obligado a pertenecer a sindicatos controlados por el Gobierno y las huelgas se consideraban ilegales. Ahora, bajo el régimen actual, los sindicatos son libres y las huelgas legales. Las mejoras económicas conseguidas por los obreros han originado costos de producción industrial mucho más elevados y, a causa de ello, a los productos españoles les es más difícil competir en el mercado internacional. Algunas fábricas han disminuído sus ventas y en ciertas regiones el paro es considerable aunque no mayor que en otros países europeos.

PREGUNTAS

1 *¿Es rica España en minerales?*

2 *¿Qué ocurre con los combustibles?*

3 *¿Cuáles son los metales más importantes que España produce?*

4 *¿Cuál es la situación respecto a la electricidad?*

5 *¿Dónde se hallan las industrias del acero?*

6 *¿Quiénes dirigen las actividades de esta industria?*

7 *¿Sabe usted si España produce automóviles?*

8 *¿Cómo es la industria naval española?*

9 *¿Y la industria textil?*

10 *¿A qué se llama artesanía? ¿Qué fabrica?*

11 *¿Con quién puede compararse la vida del obrero español?*

12 *¿De qué depende el salario que un obrero recibe?*

13 *¿Qué ventajas tiene el obrero?*

14 *¿En qué clase de viviendas habita en general?*

15 *¿Cuál es la situación del obrero?*

16 *¿Por qué han subido los costos de producción?*

Una estación de "Metro" en Barcelona

28

Comunicaciones, comercio y turismo

Muchas de las carreteras españolas son de menor anchura que las americanas, pero tampoco tienen tanto tráfico. Otras, en especial las llamadas de primera clase, son buenas y amplias y en la actualidad funcionan bastantes y muy modernas autopistas. En España hay
5 siete millones de automóviles. Es decir, uno por cada seis o siete personas.

En cuanto a los ferrocarriles, en parte electrificados, se hallan controlados por el gobierno. Los trayectos más importantes están recorridos por trenes frecuentes, cómodos y bastante rápidos. La mayor parte de las
10 grandes líneas, como ocurre también en el caso de las carreteras, parten de Madrid como los radios de una rueda. La afluencia de viajeros es tal, sobre todo en las épocas de máximo turismo, que hay que agregar trenes especiales y aun así hay que reservar los billetes con días de anticipación[1] en muchos casos. Para evitar esos inconvenientes se está inten-
15 sificando y mejorando el servicio.

En las grandes poblaciones los transportes urbanos se hallan bien organizados y existen suficientes autobuses, trolebuses y tranvías. Las dos mayores ciudades—Madrid y Barcelona—poseen ferrocarriles subterráneos. El metropolitano—o «Metro», como dicen los españoles—ofrece buenos
20 servicios de gran rapidez y frecuencia en sus múltiples estaciones. De manera que contribuye mucho a descongestionar el tráfico de superficie en ambas ciudades. Y en todas partes abundan los taxis. Además existen muchas líneas de autobuses interurbanos.[2]

Por lo que respecta a[3] las comunicaciones aéreas, los aviones a reacción
25 de la empresa nacional Iberia vuelan diariamente a los Estados Unidos, Hispanoamérica, Europa y África, y ciertas compañías extranjeras hacen escala[4] en España. En el interior del país la propia Iberia y Aviaco sirven con sus aviones las ciudades importantes. Los mayores aeropuertos civiles de España se encuentran en Madrid, Barcelona, Mallorca, Sevilla,
30 Málaga y las Canarias.

---

[1] con días de anticipación *days ahead of time*
[2] autobuses interurbanos *inter-city buses*
[3] por lo que respecta a = en cuanto a
[4] hacen escala *stop over*

La marina mercante atraviesa un período de gran expansión. Los puertos marítimos más frecuentados son los de Bilbao, Vigo, Las Palmas, Cádiz, Huelva, Valencia y Barcelona. Numerosas líneas transatlánticas, de pasajeros y de turismo, visitan las costas españolas.

El comercio exterior de España se verifica, sobre todo, con los países de Europa Occidental, con los Estados Unidos, Japón, Argentina, Cuba y Marruecos. Cada día aumenta el intercambio entre España y los países árabes y entre España y el Este de Europa. Las exportaciones españolas de mayor volumen comprenden frutas, aceites, vinos, minerales, maquinaria, conservas de pescado, buques, productos químicos, tejidos y libros. En cambio, importa petróleo y sus derivados, materias primas, diversas máquinas y ciertos artículos alimenticios, carne, café y cacao, especialmente.

La balanza comercial resulta desfavorable para España por importar más de lo que exporta. Por el contrario, la balanza de pagos—es decir, la diferencia entre el dinero que entra y sale del país—es favorable debido a los ingresos producidos por el turismo, los fletes marítimos[5] y los envíos en moneda extranjera de los españoles que residen y trabajan en otras naciones.

España es, junto con Italia, el primer país turístico del mundo. La variedad de su clima y paisaje, su folklore, las pintorescas costumbres de ciertas comarcas, las fiestas, las playas, las montañas y las numerosas ciudades monumentales, atraen a España algo más de 30 millones de turistas por año. De manera que el turismo está llegando a ser[6] la actividad más productiva del país. Sin contar el turismo interior—también muy importante—se calcula que los turistas extranjeros gastan en España más de 4.000 millones de dólares anualmente. Este desarrollo turístico ha tenido lugar[7] en los últimos años. El gobierno cuida mucho de mantener esta fuente de ingresos y para ello controla los precios de hoteles, restaurantes, excursiones, por medio de un organismo de carácter oficial: el Patronato Nacional de Turismo. El Patronato tiene oficinas en todos los centros turísticos de la nación y en algunas ciudades importantes del extranjero, en las que se facilita gratuitamente al viajero cualquier información que necesite. Además, el Patronato, posee una red de hoteles llamados «paradores» y «albergues», situados en lugares convenientes

[5] fletes marítimos *freight cargo*
[6] está llegando a ser = se está transformando en

[7] ha tenido lugar = ha ocurrido

Un parador

para el viajero. Muchos de estos alojamientos están instalados en viejos castillos o palacios acondicionados a la moderna.

En cuanto a hoteles privados, moteles y restaurantes existen a millares por todo el país y sus precios y confort difieren de acuerdo con la cate-
5 goría. Por lo común son locales modernos, limpios, bien atendidos, con cómodas habitaciones y baños y buena comida. Fuera de las ciudades monumentales, como Sevilla, Granada, Córdoba, y de Madrid y Barcelona, la mayoría de los hoteles turísticos se concentran en la llamada Costa Brava (norte de Cataluña), la Costa del Sol (litoral mediterráneo de
10 Andalucía), Mallorca y las Canarias. Pero se están desarrollando otras zonas costeras y en las montañas los complejos turístico-hoteleros de los Pirineos en el norte, y la Sierra Nevada en el sur, que ofrecen facilidades extraordinarias para la práctica de deportes de invierno.

Uno de los atractivos de España para el viajero extranjero consiste en
15 los precios que, en igualdad de circunstancias, suelen ser considerablemente más bajos que en los demás países turísticos de Europa.

Los visitantes de España prefieren recorrer Andalucía, Madrid y sus alrededores o los lugares más de moda en playas y montañas. Pero hay otras regiones de extremado interés que se están ahora incluyendo en las
20 llamadas «rutas turísticas», preparadas por el Patronato Nacional de Turismo. Entre ellas figuran, por ejemplo, la «ruta de los Conquistadores» que comprende una serie de pueblos extremeños de los que salieron los grandes colonizadores de América o «la ruta del Quijote» que pasa por los lugares del centro de España en donde el héroe más conocido de la
25 literatura española llevó a cabo[8] sus hazañas.

---

[8] llevó a cabo = realizó

PREGUNTAS

1 *¿Cómo son las carreteras en España?*

2 *¿Cómo son los ferrocarriles españoles?*

3 *¿Cuáles son los medios de transporte urbano?*

4 *¿Qué servicios aéreos se mantienen en España?*

5 *¿Con qué países verifica España su comercio exterior?*

6 *¿Por qué es la balanza de pagos favorable a España?*

7 *¿Por qué tiene España tanta importancia turística?*

8 *¿Qué hace el Patronato Nacional de Turismo?*

9 *¿Qué son y dónde están instalados los paradores y albergues?*

10 *¿Cómo son en general los hoteles españoles?*

11 *¿Cuáles son los lugares más visitados por los turistas?*

12 *¿Qué es la «ruta de los Conquistadores»?*

29

Población y lengua

*L*os pobladores de España se calculan en 36 millones y son de raza blanca en su totalidad. El crecimiento anual de la población—alrededor de 1.1%—es mayor que en la mayoría de los países europeos y queda muy por debajo del[1] término medio de los del resto del mundo.

Los treinta y seis millones que decimos dan al territorio una densidad de población[2] muy baja, una de las más escasas de Europa. Pero los habitantes no se reparten por igual entre las diversas zonas del país. Así las provincias de alto desarrollo industrial o las situadas en las costas, presentan un índice bastante más crecido que las del interior o las puramente agrícolas. Para citar un caso que ilustre esta diferencia diremos que la provincia de Barcelona tiene treinta veces más pobladores por milla cuadrada que la de Teruel.

Treinta y seis ciudades españolas superan los cien mil habitantes. En las dos mayores—Madrid y Barcelona—hay, respectivamente, cuatro y tres millones de personas. Valencia, Sevilla y Bilbao llegan casi a un millón y Zaragoza y Málaga pasan del medio millón.

La capital de la nación es Madrid, situada en el centro geográfico de la Península. En Madrid residen el gobierno, las cortes o parlamento y los organismos superiores de la administración pública. El resto del territorio se divide en cincuenta provincias, incluyendo la de Madrid propiamente

---

[1] queda muy por debajo del = es muy inferior al   [2] densidad de población = número de habitantes por milla cuadrada

dicha,[3] las dos formadas por las Islas Canarias y la constituída por las Islas Baleares. Es decir, cuarenta y siete de las provincias se hallan en la Península y tres fuera de ella.

El idioma oficial de España es el castellano o español, hablado no sólo en el país sino, además, en parte del norte de Marruecos, Fernando Poo, Guinea Ecuatorial y el Sahara español, regiones todas situadas en África. El español es también la lengua de todos los países latinoamericanos con excepción de Haití y el Brasil. El español lo emplean igualmente los judíos sefardíes, de origen hispánico, en Marruecos, Turquía, los Balcanes y el oeste de Asia. Se habla en Puerto Rico y Guam, ciertas comarcas del suroeste de los Estados Unidos y por un pequeño porcentaje de filipinos. El total de personas de habla española se aproxima a los 240 millones. Es la lengua oficial de veinte países y una de las cinco lenguas oficiales de la O.N.U. De manera que viene a ser[4] el idioma más difundido en el mundo fuera del inglés, el chino y el ruso.

No todos los habitantes de España emplean solamente el castellano. En Cataluña, las Islas Baleares y gran parte de la región de Valencia se usan, habitualmente, el catalán y sus dialectos. El catalán es usado, también, en el Rosellón, una región francesa limítrofe con Cataluña, en la pequeña república de Andorra y en el noroeste de la isla italiana de Cerdeña. El catalán deriva del latín, como el español, el francés, el portugués y el italiano. Ha tenido y continúa teniendo una rica literatura. Pero en algunas grandes ciudades, como Valencia y la propia Barcelona, pierde terreno[5] frente al castellano, debido a la constante llegada de emigrantes del sur y del centro de la Península.

El gallego, emparentado con[6] el portugués, es bastante común en casi toda Galicia y tuvo una literatura importantísima durante la Edad Media. Por último el vasco se habla en las provincias vascas, Navarra y una pequeña zona adyacente de Francia. Se usa de preferencia entre los campesinos de estas comarcas y en las pequeñas ciudades, raramente en los grandes núcleos de población. A diferencia del gallego y del catalán, el vasco carece, casi por completo, de literatura escrita. Es una de las lenguas más antiguas y complicadas de Europa y se remonta, tal vez, a la Edad de Piedra. No tiene relación con ninguno de los idiomas hablados en la

---

160

[3] Madrid propiamente dicha *Madrid itself*
[4] que viene a ser = que puede decirse que es
[5] pierde terreno = va perdiendo importancia
[6] emparentado con *related to*

actualidad dentro del continente europeo, pero se cree pertenezca a[7] la misma familia que las lenguas propias de los iberos primitivos.

A parte de los turistas, no hay muchos extranjeros en España. Los residentes nacidos en otros países suman poco más de cien mil personas.
5 Son en su mayoría de origen portugués, francés o alemán. Estos extranjeros habitan, sobre todo, en los puertos y las grandes ciudades. A los residentes extranjeros hay que agregar un número muy considerable de estudiantes. Especialmente hispanoamericanos y árabes.

---

[7] se cree pertenezca a = se cree que puede ser de

PREGUNTAS

1 *¿Cuánta es la población española y en qué medida crece?*
2 *¿Cuál es la densidad de población de España comparada con la de Europa?*
3 *¿Dónde se concentran la mayoría de los habitantes de España?*
4 *¿Cuáles son las mayores ciudades españolas?*
5 *¿Qué representa Madrid para España?*
6 *¿Cuántas provincias hay en España?*
7 *¿Cuál es la lengua oficial de España y quiénes la hablan fuera de ella?*
8 *¿Qué sabe usted del catalán? ¿Y del gallego?*
9 *¿Cómo es el idioma vasco? ¿Dónde se habla?*
10 *¿Hay muchos extranjeros en España?*

30

Organización política y social

*A*l terminar la Guerra Civil el general Franco tomó el título de Caudillo. Es decir, jefe supremo del llamado Movimiento Nacional. El Movimiento Nacional se hallaba integrado por las diversas tendencias y partidos políticos triunfantes después del conflicto. El Caudillo
5 restauró—teóricamente—la Monarquía, régimen que hizo confirmar por un referendum[1] en 1966.

Ahora bien,[2] desde el primer momento la candidatura al trono del Infante Don Juan, tercer hijo de Alfonso XIII y su legítimo heredero, fue rechazada por Franco y sus partidarios. Reprochaban al Infante sus
10 ideas democráticas y sus contactos con ciertos dirigentes políticos contrarios a Franco. De manera que no sólo se le negó a Don Juan el derecho al trono[3] sino que también se le prohibió residir en España.

Franco designó como futuro rey a Don Juan Carlos, hijo mayor de
15 Don Juan, a quien se otorgó el título de Príncipe de España. Se estipulaba que Don Juan Carlos, niño por entonces, sería educado en España y podría acceder al trono a los treinta años de edad, siempre que el Caudillo hubiese fallecido o se hubiera retirado voluntariamente. Si esto ocurría sin haber cumplido el Rey treinta años un Consejo de
20 Regencia[4] ocuparía el poder hasta que Don Juan Carlos llegara a esa edad. Cuando Franco murió, en 1976, el Consejo de Regencia proclamó rey a Don Juan Carlos.

Ya hemos dicho que en los últimos años del Caudillo el régimen
25 se había liberalizado relativamente. El nuevo Rey acentuó la liberalización del país y lo primero que hizo fue nombrar un gobierno que preparase el tránsito hacia la democracia. Con este fin se decidió legalizar a todos los partidos políticos, inclusive los comunistas, restablecer la libertad de prensa, de palabra y de reunión y dar el

---

[1] referendum = ley sometida al pueblo y aprobada por voto popular
[2] derecho al trono = derecho a ser rey
[3] Ahora bien = sin embargo
[4] Consejo del Reino *Council of the Realm*

derecho a los obreros de constituir sus propias agrupaciones sin control del gobierno.

Inmediatamente fueron convocadas elecciones para Cortes Constituyentes. Es decir, para un Parlamento que establecería un proyecto de Constitución política que habría de someterse, como se hizo, a un referendum para su aprobación definitiva.

Promulgada en 1978, la Constitución establece la monarquía como régimen. El Rey tiene poderes muy limitados y ha de nombrar gobierno de acuerdo[5] con la mayoría parlamentaria. Las leyes las hace el Parlamento (o Cortes) que consta de una Cámara de diputados[6] elegidos en proporción a la población de cada distrito, y un Senado cuyos miembros se eligen en igual número por cada provincia. Todos los ciudadanos—hombres y mujeres—mayores de dieciocho años tienen derechos políticos completos. La Constitución también determina la independencia de los tribunales de justicia, garantiza la igualdad ante la ley e incluye disposiciones complementarias sobre seguridad social, servicio militar, etc. Las provincias y los municipios tienen órganos de administración local—Diputaciones provinciales y Ayuntamientos— elegidos por voto popular. Al frente de cada provincia hay un Gobernador Civil nombrado por el Gobierno. La Constitución da, además, a las regiones que así lo deseen el derecho de autonomía administrativa, política y cultural y el de usar la lengua regional en la administración y las escuelas, sentando las bases[7] para un posible federalismo.

Para mantener el orden público existen en España, fuera de[8] la policía municipal, la Guardia Civil que vigila campos y carreteras, la Policía armada para la vigilancia de las ciudades, la Policía secreta que investiga delitos y captura delincuentes[9] y los Carabineros encargados de reprimir el contrabando en costas y fronteras.

Para la defensa nacional cuenta España con un ejército numeroso y bien equipado y una marina de guerra y aviación militar bastante importantes. El servicio militar es obligatorio para todos los españoles que permanecen algun tiempo en las fuerzas armadas y algunos años más en las reservas.

---

[5] de acuerdo *in agreement*
[6] diputados *representatives*
[7] sentando las bases = estableciendo los fundamentos

[8] fuera de = exceptuando
[9] delincuentes = criminales

El estado español controla, también, la sanidad pública. A esos efectos ha realizado toda clase de obras, como desecación de terrenos pantanosos,[12] alcantarillado, aprovisionamiento y purificación de aguas, vigilancia de la calidad y preparación de los alimentos, higiene de casas y hoteles, etc.

5 Una intensa campaña profiláctica y de investigación médica ha hecho que España ocupe, por lo que a la salud pública se refiere,[13] un puesto muy destacado entre los países de Occidente.

LA SALUD PÚBLICA

Las condiciones del clima español, templado, soleado y, en general, seco, son beneficiosas para la salud humana. A esto se 10 une el que casi todos los españoles disfrutan de seguro médico y 16 que el gobierno, las provincias y los municipios mantienen gran cantidad de hospitales y clínicas gratuitos. Existen, también, hospitales privados donde los enfermos que así lo desean pueden acudir abonando los gastos que su curación ocasione.

15 La proporción de médicos es muy alta en España—60,000 en total o sea uno por cada seiscientos habitantes— y su preparación profesional muy esmerada. Hay casi dos mil hospitales de diversas clases.

A la mejora general de la salud han contribuído no sólo una 20 alimentación más racional y una higiene más severa sino también la afición de los españoles al deporte y a la vida al aire libre. Hoy en día las hombres españoles viven, por término medio, 69 años. Algo más que en los Estados Unidos. En cambio, las mujeres viven 72 años por término medio. Es decir, 25 menos que la mujer americana.

---

[12] desecación de terrenos pantanosos *drainage of swamps*

[13] por lo que a la salud pública se refiere = en cuanto a la salud pública

PREGUNTAS

1 *¿Qué fue y quiénes integraron el Movimiento Nacional?*

2 *¿Por qué no fue aceptado como Rey el Infante Don Juan?*

3 *¿En qué condiciones se nombró Príncipe de España a Don Juan Carlos?*

4 *Cuando llegó a ser rey ¿qué hizo Don Juan Carlos para restablecer la democracia?*

5 *¿Qué fueron y qué hicieron las Cortes Constituyentes?*

6 *¿Sobre qué bases se eligen los Senadores y Diputados?*

7 *¿Qué dispone la Constitución respecto a los ciudadanos?*

8 *¿Cómo se administran las provincias?*

9 *¿Qué dispone la Constitución respecto a las regiones?*

10 *¿Cuántas clases de policía hay en España y qué funciones ejercen?*

11 *¿Qué sabe Vd. de las fuerzas armadas y del servicio militar?*

12 *Hable de la salud de los españoles, de los servicios médicos y de la organización de la Sanidad pública en España.*

Guardia Civil

El Greco: Pietá

31
Religión

*L*a religión oficial de España es la católica y la inmensa mayoría de los españoles profesan el Catolicismo. Aunque se toleran y permiten otras confesiones sus seguidores son muy escasos. Así ocurre que, sobre un total de 36 millones de habitantes, sólo hay 30.000 protestantes de di-
5 versas sectas, 6.000 judíos y 1.000 musulmanes. Por razones históricas, el Catolicismo ha sido siempre considerado como consubstancial con[1] España. Los movimientos anticlericales, tan fuertes en el siglo XIX y en la primera parte del XX, no han ido en realidad contra[2] la religión católica sino contra lo que muchos creían un exceso de poder del clero.

10 Durante la Edad Media y el Siglo de Oro, la Iglesia dio a España una inmensa cantidad de hombres ilustres en todos los campos. Además la Iglesia fue el símbolo nacional, primero contra los invasores musulmanes y después contra los turcos y los protestantes; de aquí, su popularidad y su prestigio. A partir del siglo XVIII y por múltiples razones, la organización
15 eclesiástica decayó y perdió gran parte del apoyo del pueblo. Por último las agudas disputas políticas y sociales desarrolladas a partir del siglo XIX trajeron consigo[3] un anticlericalismo militante en muchos españoles.

---

[1] como consubstancial con = como parte esencial de

[2] no han ido . . . contra = no se dirigían . . contra

[3] trajeron consigo = produjeron

Hoy el clero—o por lo menos la mayor parte de él—ha vuelto a tener una conciencia más clara de su misión y esto ha hecho disminuir el anticlericalismo en gran medida.[4] Las órdenes religiosas de frailes y monjas, y también ciertos otros organismos eclesiásticos, administran, atienden y a veces sostienen un número notable de instituciones benéficas. Sin [5] embargo, todavía son muchos los que resienten el hecho de que a la Iglesia se le haya permitido ejercer un fuerte control sobre la enseñanza y que las escuelas y colegios de religiosos tengan una consideración casi igual a las escuelas y colegios oficiales.

El *Opus Dei*, orden fundada en 1928 por Monseñor Escrivá de Balaguer, [10] con la aprobación de Roma, se ha hecho tan influyente en España como en siglos pasados lo fueron los jesuitas. La generalidad de los miembros del *Opus Dei* no son sacerdotes, pero muchos hacen voto de castidad y pobreza. Trabajan en toda clase de profesiones y oficios y, entre otras instituciones, han fundado universidades muy modernas y bien [15] organizadas.

La Iglesia católica tiene en España muchos obispados y arzobispados. La más importante de las diócesis españolas es la de Toledo, cuyo arzobispo, desde la época visigótica, ha sido el primado, es decir, el jefe de la Iglesia de la Península. [20]

Los españoles del norte, en general, practican más la religión que los del sur. Esto es verdad principalmente entre los campesinos. Las mujeres, por su parte, suelen ser[5] más devotas que los hombres y frecuentan más los templos. Ceremonias como el bautismo, la primera comunión, el casamiento y los funerales son acontecimientos muy solemnes para las [25] familias españolas católicas y naturalmente se verifican en el recinto de una iglesia.[6] Existen gran cantidad de fiestas religiosas fuera de los domingos y días de precepto.[7] Cada pueblo, cada ciudad y cada profesión tienen un santo especial como patrono. El día del santo patrón y los días siguientes se celebran, en el pueblo o la ciudad, grandes fiestas religiosas y civiles. [30] Entre ellas misas de gran aparato,[8] sermones y procesiones. En las procesiones la imagen del Santo recorre un trayecto[9] en el que están incluídas las principales calles de la población y va acompañada de autoridades,[10] bandas de música y numerosos fieles.

---

[4] en gran medida = mucho
[5] suelen ser = generalmente son
[6] se verifican ... iglesia *they take place within the precincts of a church*
[7] días de precepto *holy days*

[8] de gran aparato = muy solemnes
[9] recorre un trayecto *travels (is carried) a distance*
[10] autoridades *government officials*

Las procesiones más famosas son las de Semana Santa en Sevilla, Málaga, Granada y otras ciudades que, durante ese tiempo, atraen miles de turistas. Muchas de las procesiones de Semana Santa se celebran de noche y algunos espectadores entonan «saetas», es decir, coplas de ritmo
5 flamenco y contenido religioso. Cada «paso», como se llama a las imágenes de la procesión, está patrocinado por una «cofradía»—sociedad de fieles devotos de dicha imagen—que acompaña el paso. Los cofrades van encapuchados y vestidos con largas y costosas túnicas que han de ser de igual color para todos los miembros de la misma cofradía. Además llevan
10 la cara tapada por un antifaz y un gran cirio encendido en la mano. El conjunto resulta impresionante y lleno de misterio y solemnidad.

Hay en España algunos conocidos santuarios situados en pleno campo y que se visitan una vez al año en las denominadas «romerías» que atraen, a veces, a muchos asistentes. Así sucede con la «Romería del Rocío» que
15 desde Sevilla y otros lugares se encamina a una ermita de la provincia de Huelva. Los participantes acuden a caballo o en carretas tiradas por bueyes y adornadas con lujo y gusto. Los romeros visten trajes típicos andaluces y la fiesta es muy alegre, pintoresca y llena de color.

PREGUNTAS

1 ¿Qué religiones hay en España?

2 ¿Contra qué han ido los movimientos anticlericales?

3 ¿Por qué tuvo la Iglesia en España tanta popularidad y prestigio?

4 ¿Por qué ha disminuído el anticlericalismo?

5 ¿Qué resienten muchos españoles?

6 ¿Qué sabe usted del Opus Dei?

7 ¿Quién es el Arzobispo Primado de España?

8 ¿Dónde y quiénes practican más la religión?

9 ¿Cuáles son las procesiones más famosas?

10 ¿Cómo van vestidos los miembros de una cofradía?

11 ¿En qué consiste la Romería del Rocío?

32

Educación

*E*n España las escuelas elementales, las de enseñanza media, las técnicas y las universidades están administradas según un sistema que implanta el gobierno para toda la nación. La mayoría de los establecimientos de educación pertenecen al estado que paga, directamente, a maestros y profesores. Existe un menor número de escuelas privadas, dependientes de la Iglesia y otras instituciones, pero todas han de seguir el curriculum oficial.

La enseñanza elemental y la llamada básica son obligatorias por tiempo no menor de ocho años. La instrucción intermedia, en cambio,[1] no es obligatoria y se da en dos clases de institutos, unos de carácter científico y literario que preparan a los alumnos para las carreras universitarias y otros, llamados laborales, que se interesan por la preparación técnica de los estudiantes. La duración de los cursos en los institutos de enseñanza media es de varios años. Durante este período se obtienen diversos grados después de haber sufrido con éxito los exámenes correspondientes. Sigue al bachillerato así obtenido otro año

---

[1] en cambio   *on the other hand*

La Universidad de Madrid

de preparación y un nuevo examen para el ingreso en la universidad o escuelas técnicas especializadas. Como se puede ver el sistema es bastante complicado. De manera que no es extraño que numerosos estudiantes comiencen con retraso[2] los estudios más avanzados.

5 Las escuelas primarias, con excepción de las privadas, son gratuitas. Las escuelas medias oficiales requieren el pago de una pequeña cantidad que no se cobra en el caso de que el alumno sea pobre o de que su familia tenga cierto número de hijos. Los estudiantes inteligentes y de escasa fortuna[3] reciben becas de dotación suficiente para pagar sus estudios, 10 libros y comida. El número total de estudiantes en la enseñanza media es muy elevado y no lo es más porque las diversas pruebas eliminan rápidamente a los perezosos o mal preparados.

Hay veinte universidades del estado y algunas privadas. En ellas siguen sus carreras muchos miles de alumnos de los cuáles un diez por 15 ciento son extranjeros. El costo de la matrícula no es muy alto y se dispensa de él a[4] estudiantes pobres. También hay becas, algunas excelentes, que disfrutan los mejores alumnos entre los que carecen de

---

[2] ya que *since*
[3] de escasa fortuna = de pocos medios económicos

[4] se dispensa de él a = no tienen que pagarlo

recursos suficientes para pagar su educación. Junto a las universidades funcionan los «colegios mayores», residencias donde los escolares que así lo deseen pueden vivir cómodamente y con buena comida por precios moderados.

La universidad española comprende solamente siete facultades:[5] medicina, derecho, ciencias políticas y económicas, filosofía y letras (con muchas secciones), ciencias (matemáticas, física, química, ciencias naturales), farmacia y veterinaria. En todas ellas existen departamentos especializados en las diversas disciplinas.

Los estudiantes españoles, en general, intervienen activamente en cuestiones políticas. Los oficialmente matriculados gozan de ciertas ventajas, como asistencia médica gratuita y algunos viajes y espectáculos a precios reducidos. Todos los alumnos han de hacer el servicio militar que cumplen en las «milicias universitarias», organizadas de manera que interrumpan lo menos posible los estudios del soldado. Todos los alumnos han de hacer el servicio militar que cumplen en las «milicias universitarias», organizadas de manera que interrumpan lo menos posible los estudios del soldado.

La universidad de mayor número de estudiantes es Madrid con más de sesenta mil. Luego siguen Barcelona, Granada y Santiago, pero la más conocida por su historia es la de Salamanca. La de Madrid es una de las pocas universidades europeas que posee un campus donde se hallan las diferentes facultades y los colegios mayores. El conjunto de edificios y parques, situados en las afueras de la capital, lleva el nombre de «ciudad universitaria».

Sin contar las universidades, existen en España una gran cantidad de organismos dedicados a la investigación científica, literaria e histórica. Estos organismos se agrupan en el Centro Superior de Investigaciones Científicas, mantenido y administrado por el gobierno. Hay, además, un crecido número de bibliotecas públicas, universitarias y privadas, entre las cuales la más rica es la Biblioteca Nacional de Madrid. Los museos son, también, muchos. El museo del Prado, en Madrid, es uno de los más conocidos del mundo. Hay numerosos archivos, como el de Simancas que contiene inmensa cantidad de documentos medievales, y el de Sevilla que guarda toda la documentación referente al descubrimiento, conquista y colonización de América.

---

172   [5] facultades   *colleges*

El creciente número[6] de estudiantes y las exigencias de la enseñanza moderna obligaron a crear desde 1968, nuevas universidades y facultades universitarias en diversas provincias. Los universitarios españoles, como los de casi toda Europa, deben conocer por lo menos dos idiomas, fuera
5 del español. Las lenguas más populares en España son el francés y el inglés, seguidas por el alemán, árabe e italiano.

El estado español pensiona una determinada cantidad de alumnos y profesores para que amplíen estudios en el extranjero y concede ayuda a escolares de otros países, particularmente a hispanoamericanos y filipinos,
10 para que estudien en España.

El analfabetismo que, a principios de siglo, afectaba al[7] cuarenta por ciento de los españoles, hoy ha desaparecido prácticamente. La campaña emprendida para eliminarlo y la ayuda de los universitarios que se brindaron a[8] enseñar gratuitamente logró acabar con el problema.

---

[6] el creciente número = el número cada vez mayor

[7] afectaba al = era del
[8] se brindaron a = se ofrecieron

PREGUNTAS

1 ¿Quién administra la enseñanza en España?

2 ¿Qué clases de escuelas intermedias hay en España?

3 ¿Qué hay que hacer para obtener el título de bachiller?

4 ¿Quiénes reciben enseñanza media gratuitamente?

5 ¿Qué son los colegios mayores universitarios?

6 ¿Cuántas facultades existen en las universidades españolas?

7 ¿Dónde estudian los maestros y los técnicos?

8 ¿Qué ventajas tienen los estudiantes?

9 ¿Cuáles son las universidades españolas más importantes?

10 ¿Qué guardan los archivos de Simancas y de Sevilla?

11 ¿Cuáles son las lenguas más populares en España, fuera del español?

12 ¿Quiénes son pensionados por el gobierno español?

13 ¿Qué ha ocurrido con el problema del analfabetismo?

33

Espectáculos y deportes

*E*l español es muy amigo de[1] toda clase de espectáculos. En España existen numerosas salas de cine y muchos teatros. Los cines proyectan películas españolas y extranjeras. Estas últimas se someten, generalmente, a un proceso de doblaje[2] para que los espectadores puedan seguir el diálogo sin dificultad. Los cines funcionan entre las cuatro de la tarde y las dos de la mañana en locales grandes, bien acondicionados y modernos. Los teatros ofrecen dos representaciones—por la tarde y por la noche. A menudo[3] están instalados en edificios suntuosos.

El teatro ha sido siempre muy popular en España y sobre todo en Castilla. Hay muchas compañías que ponen en escena[4] piezas clásicas, modernas y extranjeras. En Mérida, durante la primavera, se celebra un festival en el antiguo teatro romano y se representan obras latinas y griegas. En Madrid, en las fiestas de mayo, suelen actuar compañías teatrales extranjeras—inglesas, francesas, italianas y alemanas—que representan obras de estos países en la lengua original. La ópera es más corriente en Barcelona, aunque también hay temporadas de ópera en Madrid, Valencia y Bilbao. En cambio, la zarzuela es muy apreciada en todas partes.

Muy en boga[5] está el ballet folklórico a base de danzas regionales, presentadas con vestuario y decorados muy artísticos y de buen gusto. Esta clase de ballet ha sido popularizado por las compañías españolas en el extranjero y lo mismo ha ocurrido con el canto llamado «flamenco» que procede de Andalucía.

Frecuentes son los conciertos de música clásica. Las mejores orquestas sinfónicas son las de Madrid, Barcelona y Sevilla. Muchos ayuntamientos mantienen bandas de música, a base de instrumentos de viento y percusión. Estas bandas ejecutan piezas de música brillante[6] y popular los domingos y días de fiesta en los parques públicos. La asistencia a tales conciertos es gratuita.

Especialmente en los puertos y lugares de turismo suele haber bastantes cafés cantantes[7] y teatros de variedades. En cambio, el circo es más raro.

---

[1] el español es muy amigo de = al español le gustan
[2] se someten . . . a un proceso de doblaje = son traducidas al español
[3] a menudo = con frecuencia
[4] que ponen en escena = que representan
[5] muy en boga = muy de moda
[6] música brillante *pop music*
[7] cafés cantantes *a kind of night club*

Pero los espectáculos que atraen inmensa cantidad de gente son el fútbol y los toros. Algunos estadios tienen capacidad para casi cien mil personas y son escasas las ciudades que no cuentan con[8] un campo de deportes en el que el equipo local defiende el honor futbolístico de la población durante los campeonatos nacionales. 5

En cuanto a las corridas de toros son de origen antiquísimo y eran frecuentes durante la Edad Media y el Siglo de Oro. Entonces los toros eran lidiados por caballeros y gentes de la nobleza y la corrida se consideraba como un deporte. Desde el siglo XVIII apareció el toreo profesional y las corridas se verificaron en sitios cerrados, parecidos a circos 10 romanos y llamados plazas de toros. Estas plazas las hay hoy día[9] en casi todas las ciudades y en algunos pueblos grandes. Ciertas poblaciones, como Madrid y Sevilla, tienen varias plazas. Hay corridas diarias en el período de las fiestas locales. Fuera de fiestas,[10] el día consagrado a los toros es el domingo y sólo en las estaciones de primavera y verano. 15

Hay dos clases de corridas: novilladas, en las que actúan toreros debutantes deseosos de labrar su fama,[11] y otras de mayor prestigio a cargo de toreros experimentados a quiénes, para distinguirlos de los novilleros, se les llama «matadores de toros». El equipo de un gran torero forma un conjunto denominado «cuadrilla». El jefe es el matador, 20 encargado de las faenas principales y más peligrosas y de dar muerte al toro. De sus ayudantes unos torean a pie, los «peones» y «banderilleros». Preparan al animal para facilitar la tarea del matador y le colocan en el morrillo[12] las «banderillas». Otros torean a caballo, los «picadores», y tienen por misión clavar en el morrillo del toro la punta de una lanza 25 con el fin de rebajar los bríos[13] del animal.

Los toreros aparecen en la plaza en «traje de luces». Es decir, un traje bordado en varios tonos, con hilos metálicos brillantes, pantalón ceñido que llega a la rodilla, medias, faja y chaquetilla corta. Generalmente hay tres matadores con sus cuadrillas y seis toros en cada corrida. El espectáculo 30 se celebra a la caída de la tarde.[14] Especialmente en Andalucía, muchas mujeres asisten a la corrida vistiendo trajes típicos, mantillas, peinetas altas y mantones de manila.[15] En algunas ocasiones, y antes que los toreros comiencen a actuar, se lidia un toro por un jinete que hace casi todo el

---

[8] que no cuentan con = que no tienen
[9] hoy día = ahora
[10] fuera de fiestas = en tiempo normal
[11] labrar su fama = darse a conocer
[12] morrillo *nape of the neck*

[13] rebajar los bríos = disminuir la fuerza
[14] a la caída de la tarde *late in the afternoon*
[15] mantones de manila *embroidered silk shawls*

toreo a caballo: el «rejoneador», que monta caballos de extraordinaria belleza y agilidad que saben muy bien evitar el toro y raramente son heridos por él.

Los toreros que hacen faenas excepcionales[16] reciben la oreja del toro como premio y, a veces, salen de la plaza conducidos en hombros por sus admiradores. Los grandes matadores ganan cantidades fabulosas y torean muchas corridas por año. Pero su oficio es muy arriesgado. Con frecuencia los lidiadores son heridos y, en ocasiones, muertos por los toros. De manera que la corrida tiene, también, su aspecto trágico.

Tanto los toros como el fútbol son espectáculos muy caros en España. Por el contrario, cines y teatros tienen precios moderados.

A pesar de haber en Madrid muchos locales destinados a los diversos espectáculos, los sábados, domingos y fiestas resulta difícil encontrar entrada[17] para ninguno de ellos. Si se quiere asistir a toros, fútbol, cine o teatro, en uno de esos días, conviene reservar los billetes[18] con anticipación. Lo que se ha dicho de Madrid es aplicable a las demás ciudades de España.

En España la gente, y especialmente los jóvenes, son muy amigos de practicar algún género de deporte. Fuera del fútbol, se juega rugby, baloncesto, hockey y sobre todo la pelota vasca o «jai alai». En este último, intervienen profesionales en sitios llamados «frontones». Otro deporte en que se distinguen los españoles es el tenis. Las carreras a pie y en bicicleta son igualmente populares y lo mismo sucede con la natación y las regatas a remo y a vela. Cada día ganan más adeptos[19] los deportes de montaña y de nieve y hay bastantes sociedades de esquiadores.

Se practica mucho en la Península la caza. Por hallarse el país relativamente poco poblado y por ser muy montañoso se han conservado muchas especies de animales no domésticos[20] que están a punto de desaparecer, o han desaparecido, en otros territorios europeos. Para evitar que sufran la misma suerte en España, el gobierno ha promulgado severas leyes que limitan la caza de cada especie a determinadas épocas del año. Los animales más abundantes son perdices, codornices, conejos, y liebres. Pero también existen, sobre todo en las montañas, jabalíes, corzos, ciervos, zorros, lobos, linces y, en los Pirineos y el norte, algunos osos. La reserva más rica de Europa en toda clase de animales silvestres se halla en el oeste de Andalucía, en la zona conocida por «Las marismas».

---

[16] que hacen faenas excepcionales = que torean muy bien
[17] encontrar entrada *to find tickets*
[18] reservar los billetes *to make reservations*
[19] ganan más adeptos = se practican más
[20] animales no domésticos *wild animals*

177

PREGUNTAS

1 ¿Cuándo funcionan cines y teatros en España?

2 ¿Qué obras se representan en Mérida y en Madrid en ciertas épocas?

3 ¿En qué consiste el ballet folklórico?

4 ¿Qué clases de conciertos hay en España?

5 ¿Qué espectáculos son los que atraen más gente?

6 ¿Cuándo hay corridas de toros?

7 ¿Cuándo apareció el toreo profesional?

8 ¿Cuántas clases de corridas hay y en qué se diferencian?

9 ¿Qué es una «cuadrilla» y quiénes la forman?

10 ¿Cómo van vestidos los toreros?

11 ¿Qué hace un rejoneador?

12 ¿Qué les ocurre a los grandes toreros?

13 ¿Es fácil asistir en España a espectáculos?

14 ¿Recuerda usted algunos deportes populares en España?

15 ¿Por qué razones abunda en España la caza?

16 ¿Cuáles son los animales no domésticos más frecuentes y dónde se halla la reserva más rica de Europa?

34

La vida española en conjunto

*E*l género de vida y las costumbres españolas difieren según la región y según se trate de grandes ciudades o pueblos pequeños, pero tienen, como es natural, muchas características comunes las distintas comarcas. El habitante de España, por lo general, es gregario, vital, poco
5 amigo de[1] permanecer encerrado en casa y aficionado a trasnochar. Suele ser persona alegre, apasionada, que gusta de conversar y discutir con sus conocidos en un café o un bar, pasear y asistir a espectáculos.

En los últimos años la vida de familia en España, como en Europa, ha sufrido modificaciones radicales y la autoridad del padre, aunque
10 se acepta, no es indiscutible. Sin embargo, la familia continúa en general unida y los niños pequeños gozan del cariño y la atención de todos.

La mujer, sobre todo en las ciudades, posee una libertad considerable y a menudo trabaja en fábricas u oficinas o ejerce cargos profesionales.
15 Aunque los criados son cada vez más escasos, todavía ciertas familias acomodadas suelen tener sirvientas que facilitan mucho la labor de las amas de casa[2] y poco a poco acaban por ser consideradas como familiares.

---

[1] poco amigo de = inclinado a no   [2] amas de casa *housewives*

El español, y la española, gustan de vestir, y más aún calzar, elegantemente. Se levantan, comúnmente, más tarde que el americano, toman un desayuno muy ligero y comienzan a trabajar entre las ocho y las diez de la mañana. Entre la una y las tres o las cuatro de la tarde, el trabajo se interrumpe para almorzar. Lo habitual es almorzar en casa con la familia, 5 ya que el almuerzo es la comida principal del día, comida que consiste en varios platos fuertes, acompañados de vino u otra bebida, frutas, postre y café. Antes existía la costumbre de la «siesta». Ahora la presión de la vida moderna ha hecho que la mayoría de la gente renuncie a ella.[3] Terminado el almuerzo se vuelve al trabajo hasta las siete u ocho de la 10 tarde. A ese hora se pasea o se toma un aperitivo en cualquier bar. Se cena alrededor de las diez otra comida fuerte, pero no tanto como la del medio día. Después de cenar, frecuentemente se pasa un rato en un café o se asiste a una sesión de cine o teatro y luego se regresa a casa para dormir. 15

Los domingos y días festivos, especialmente si el tiempo es favorable, los españoles prefieren ocupar sus ocios[4] en excursiones campestres en compañía de sus parientes o amigos y disfrutar en el campo de una suculenta merienda. Si hay toros o fútbol muchos se quedan en la corrida o en el estadio. Algunos pasan la tarde en cines, teatros o cafés. 20

En ciudades provincianas y pueblos a última hora de la tarde,[5] la gente suele pasear por las calles céntricas o los parques; especialmente los jóvenes que aprovechan el paseo para encontrar amigas y amigos de su edad y flirtear o conversar con ellos.

Desde hace algunos años las vacaciones se han generalizado y, en verano, 25 playas y montañas están congestionadas de veraneantes. Muchos de los lugares en que se concentra el veraneo son pueblecitos cuya habitual tranquilidad y silencio se cambian en extraordinaria animación y ruidosos festejos durante unos meses para, en otoño, volver a una existencia casi vegetativa.[6] 30

A partir de septiembre las calles principales de las ciudades vuelven a llenarse de personas y vehículos que, por la tarde, hacen la circulación casi imposible. Todo el mundo parece estar en la calle admirando los escaparates de lujosas tiendas y almacenes y los artículos que en ellos se

---

[3] renuncie a ella = no la tome
[4] ocupar sus ocios = usar sus horas libres

[5] a última hora de la tarde *late in the afternoon*
[6] casi vegetativa = muy tranquila

exhiben. Otros se sientan en las terrazas de cafés y bares a consumir algo mientras descansan del paseo o las compras.

La mayor parte de las familias que habitan las ciudades viven en casas de apartamentos y sólo unas pocas en residencias de otro tipo. Esto hace que, a diferencia de las americanas, las ciudades sean muy compactas. Para aliviar semejante situación hay numerosos parques y jardines, agradables y bien cuidados, en los que la gente puede gozar de paz y olvidar el barullo urbano. A los parques acuden, principalmente, los niños con sus padres o criadas y en ellos juegan sin miedo a vehículos ni a accidentes de tráfico. Algunos de los parques están exclusivamente consagrados a los niños y las escuelas y colegios tienen, como es natural, un terreno dedicado a juegos infantiles. De manera que los pequeños, aunque vivan en apartamentos, no echan de menos[7] el ejercicio, el aire libre y la compañía de sus amiguitos.

El presupuesto familiar se distribuye muy diferentemente en España y América. Los españoles pagan un porcentaje mucho menor en impuestos, seguros, atenciones médicas y vivienda. En cambio gastan, proporcionalmente, más en vestido, espectáculos y comida. Se calcula que las clases menos adineradas[8] consumen casi el cincuenta por ciento de sus ingresos en alimentación, un quince por ciento en vivienda y servicios (luz, agua, calefacción, teléfono y gas) y el treinta y cinco por ciento restante en los demás gastos. En las clases más ricas la proporción gastada en alimentos es mucho menor por ser los ingresos más elevados. En cambio estas clases destinan fuertes cantidades a automóviles, viajes, vestidos y artículos de lujo.

---

[7] no echan de menos *don't miss*

[8] menos adineradas = con pocos medios económicos

Los españoles son generosos con su dinero y su tiempo. Acogen bien a los extranjeros y se muestran con ellos muy cordiales. Los invitan con frecuencia a un restaurante o a un café, pero—salvo en casos de estrecha amistad[9]—raramente a la casa.

Otra paradoja del carácter de los españoles es que ellos acostumbran a 5 criticar el país y las instituciones sin restricción alguna y delante de extranjeros, pero resienten el hecho de que los nacidos fuera del territorio critiquen las mismas cosas que a ellos les parecen mal.

---

[9] de estrecha amistad = de ser muy amigos

PREGUNTAS

1 *¿Cómo suelen ser los españoles?*

2 *¿Cómo está organizada la familia?*

3 *¿Cómo vive la mujer?*

4 *¿Cuál es la comida principal y en qué consiste?*

5 *¿Qué se hace cuando se termina de trabajar?*

6 *¿Cómo pasan los españoles los domingos y días festivos?*

7 *¿Qué se hace por la tarde en las ciudades provincianas?*

8 *¿Qué pasa con las vacaciones?*

9 *¿Qué ocurre en las ciudades a partir de septiembre?*

10 *¿Dónde viven la mayor parte de las familias?*

11 *¿Qué hay en las ciudades para los niños?*

12 *¿Cómo se distribuye el presupuesto familiar en las clases más pobres? ¿Y en las más ricas?*

13 *¿Cómo se portan los españoles con los extranjeros?*

14 *¿Cuál es una paradoja del carácter español?*

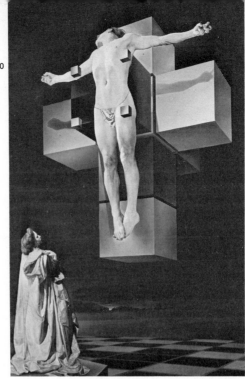
Dalí: El Crucifijo

35

Letras, artes y ciencias

*U*nos años después de la terminación de la Guerra Civil, el movimiento intelectual español resurgió con fuerza tanto en la Península como entre los desterrados que salieron de ella por causa del conflicto.

En el terreno literario se verificó un verdadero renacimiento de la
5 novela desde 1942. Es este año en el que Camilo José Cela publica *La familia de Pascual Duarte* e inicia la tendencia «tremendista». El tremendismo no es sino una visión de la realidad en la que se recogen y hacen resaltar acontecimientos terribles cuyos héroes son personajes anormales o desgraciados que, empujados por las circunstancias, no pueden escapar a
10 su destino. Casi inmediatamente de publicarse *La familia de Pascual Duarte*, Carmen Laforet publicó otra novela que alcanzó gran éxito—*Nada*—y desde esa fecha aparecieron docenas de nuevos novelistas. Entre ellos muchos eligieron el tema de la Guerra Civil, como José María Gironella en *Los cipreses creen en Dios*. La ficción escrita por entonces
15 adolece, en general, de un hondo pesimismo. Hacia 1952 se van definiendo

183

Cela

otras tendencias. Por ejemplo, la de usar la colectividad como personaje múltiple[1] en lugar de centrar el relato sobre un protagonista individual. *El Jarama* de Rafael Sánchez Ferlosio es la mejor novela de este tipo. Una renovación de fondo y forma fue la emprendida por Martín Santos en *Tiempo de Silencio* (1962), una verdadera obra maestra en la reciente 5 literatura española. Pero los dos novelistas más fecundos son Miguel Delibes y Juan Goytisolo. El primero presenta ambientes y personajes más tradicionales y realistas, como en *El camino, La hoja roja* o *Cinco horas con Mario.* El segundo se preocupa esencialmente del problema social y político. Así ocurre en *Duelo en el Paraíso* o en *La resaca.* No hay que 10 olvidar que la labor de los desterrados continuó fuera de España y algunos de ellos, ya conocidos antes de la guerra, como Ramón Sender y Max Aub, contribuyeron al auge de la novela. Recordemos también que ciertos miembros de las generaciones anteriores—Azorín, Baroja—vivieron todavía en parte del período y continuaron publicando. 15

La poesía no ha logrado tanta importancia como la prosa. Miguel Hernández, gran poeta de la guerra, murió en prisión (1942). A su propia generación pertenece Luis Rosales y de las anteriores escriben Jorge Guillén y Rafael Alberti—que han regresado a España—y Dámaso Alonso, Gerardo Diego y Vicente Aleixandre que viven en ella. Entre 20 los que comenzaron en la posguerra los más notables son José Hierro y, sobre Blas de Otero y a fallecido. Estos poetas han pasado a preocuparse[2] por el contenido y el mensaje de los poemas más que por la calidad esteticista que sus predecesores preferían.

En cuanto al teatro destaca de manera definitiva Antonio Buero Vallejo. 25 Sus obras tienen interés simbólico y humano, como ocurre con *En la*

---

[1] usar la colectividad como personaje múltiple = dar a todas las personas de la novela la misma importancia

[2] han pasado a preocuparse = se preocupan ahora

184

ardiente oscuridad, tal vez el mejor de los dramas que ha escrito. Alfonso Sastre cultiva un teatro pleno de inquietud experimental. Así se ve en *Escuadra hacia la muerte*. El llamado teatro del absurdo está representado por Fernando Arrabal. El cine cuenta con directores de prestigio internacional como Luis Buñuel y Carlos Saura.

El ensayo, muy en boga[3] en las épocas inmediatamente anteriores, ha seguido floreciendo. Entre quiénes lo cultivan destacan Pedro Laín Entralgo, Julián Marías, José Luis Aranguren y José Luis Cano. El periodismo, por razones fáciles de entender dadas las características del régimen de gobierno, ha decaído con relación al primer cuarto del siglo. La prensa diaria comprende más de cien periódicos. Hay, además, numerosas revistas gráficas y excelentes publicaciones literarias y críticas. Caso curioso es el del diario *Marca* consagrado exclusivamente a información deportiva y tal vez el único de su género en Europa.

En las artes plásticas hay notables escultores, como Eduardo Chillida, y en pintura, además de los antiguos nombres ya consagrados—Picasso, Dalí, Miró—han surgido otros de fama internacional en pintura abstraccionista, como Antonio Tapies, Antonio Saura y Luis Feito. En Cuenca, donde muchos de los artistas residen o tienen sus estudios, se ha establecido un extraordinario museo y mercado de arte moderno.

En música han demostrado gran talento como compositores Oscar Esplá y Joaquín Rodrigo. El genial director de orquesta Ataulfo Argenta murió hace pocos años en plena juventud.

---

[3] muy en boga = muy cultivado

Picasso: Tres músicos

La investigación histórica, literaria y científica no ha dejado de hacer[4] progresos. Esta clase de estudios se lleva a cabo en[5] las universidades y en centros y fundaciones especiales coordinados por el Centro Superior de Investigaciones Científicas, que ya mencionamos en el Capítulo 32.

El más ilustre de los investigadores españoles, Ramón Menéndez Pidal, que aun se mantenía activo a los cien años de edad (nació en 1869), murió hace poco. Entre los cultivadores más jóvenes de las ciencias relacionadas con la lingüística, la historia y la crítica literaria hay que recordar a Manuel Alvar, Rafael Lapesa, Antonio Rodríguez-Moñino y Guillermo Díaz-Plaja y en crítica e historia del arte a Juan Antonio Gaya-Nuño.

En física y ciencias matemáticas son muy conocidos Arturo Duperier, fallecido recientemente, y Julio Palacios y en ciencias biológicas destaca Severo Ochoa, residente en los Estados Unidos, a quien le ha sido otorgado el premio Nobel.

A los ilustres nombres mencionados habría que agregar otros muchos de investigadores más jóvenes cuya labor merece distinción.

---

[4] no ha dejado de hacer = continúa haciendo   [5] se lleva a cabo = se efectúa

PREGUNTAS

1 ¿Cuándo resurgió el movimiento intelectual español?

2 ¿A qué se llama «novela tremendista» y quién la inició?

3 ¿Qué otras tendencias hubo en la novela de este tiempo?

4 ¿Cómo son las novelas de Delibes y de Goytisolo?

5 ¿Quiénes más contribuyeron al auge de la novela?

6 ¿De qué se preocupan más los poetas contemporáneos?

7 ¿Quiénes destacan en el teatro?

8 ¿Quiénes destacan en la crítica y el ensayo?

9 ¿Cuál es la situación del periodismo?

10 ¿Por qué es importante Cuenca en el arte moderno?

11 ¿Quién es el más ilustre de los investigadores españoles?

12 ¿A qué científico español se ha otorgado recientemente el premio Nobel?

36

España en el mundo

*E*n el mundo actual España representa un papel considerable en la vida internacional.

España es miembro de las Naciones Unidas, de la Unesco y de otras organizaciones. Mantiene relaciones diplomáticas con la totalidad de
5 los países no comunistas, lo mismo que con los Estados comunistas del Este de Europa, China, Cuba y las naciones no alineadas.[4]

La falta de ambiciones territoriales de España contribuye en gran medida[1] a la cordialidad con las demás naciones. Existen, sin embargo, algunas diferencias con Inglaterra por la cuestión de Gibraltar, ciudad
10 en suelo español que los ingleses llevan ocupando[2] más de dos siglos. Esta disputa se ha presentado ante las Naciones Unidas y no ha dado origen a actos violentos ya que España intenta recobrar la ciudad por medios legales y pacíficos.

Después de la pérdida de Cuba, España, como ya hemos dicho, adquirió
15 la zona norte de Marruecos en calidad de[3] protectorado. En esta región se hallaban dos poblaciones, Melilla y Ceuta, que habían estado por muchos siglos en manos de los españoles. También en el suroeste de

---

[1] en gran medida = mucho
[2] llevan ocupando = han ocupado desde hace
[3] en calidad de = como

[4] naciones no alineadas = naciones del tercer mundo

Marruecos, España poseía un pequeño enclave—Ifni—y al sur la zona costera del Sahara, conocida con el nombre de Río de Oro y un área adyacente, hacia el interior, de bastante extensión. En el Golfo de Guinea conservaba, igualmente, dos pequeñas colonias: la isla de Fernando Poo y la Guinea Española. En todos esos lugares se ha seguido una firme política de descolonización. Primero, en 1958, le fue concedida la independencia al protectorado marroquí, aunque Ceuta y Melilla—cuyos habitantes y tradiciones son completamente españoles—continuaron perteneciendo a España. Mediante arreglos llevados a cabo más recientemente, Ifni ha dejado de pertenecer a España y ahora es parte de Marruecos. Más difícil fue la cuestión del Sahara que terminó siendo incorporado a Marruecos. El resultado ha sido una lucha—a menudo victoriosa—contra las tropas marroquíes de ocupación por parte de las guerrillas del llamado Frente Polisario que reclama la total independencia del territorio y cuenta con el apoyo de algunos países islámicos. En cuanto a Fernando Póo y Guinea, que ya gozaban de régimen autónomo, recibieron su independencia en 1968 y formaron una nueva nación—Guinea Ecuatorial—integrada por ambos territorios.[4] La Guinea Ecuatorial, bastante próspera en sus comienzos, quedó sujeta a una cruelísima dictadura que medio despobló y arruinó enteramente el país. En 1979 un golpe de estado militar derrocó y condenó a muerte al dictador y prometió restablecer la normalidad democrática.

ibéricos, del mismo origen y similar cultura, es lógico que tengan entre sí convenios especiales y que exista un régimen peculiar de fronteras y una estrecha alianza hispano-portuguesa.

Una situación parecida se ha desarrollado con respecto a las naciones iberoamericanas y a las Filipinas. Situación derivada del hecho de haber sido los españoles los descubridores, conquistadores y pobladores de esos territorios cuya cultura es de raiz hispánica, cuya religión predominante es la católica y cuya lengua oficial, excepto en los casos del Brasil y de las Filipinas, continúa siendo el español. Por su parte, España no aspira a desempeñar[5] ningún papel director en el mundo iberoamericano. Su prestigio allí nace de las razones antedichas y de los lazos espirituales que llevan implícitos.

---

[4] integrada por ambos territorios = formada por los dos países

[5] no aspira a desempeñar = no trata de tener

Es natural, por consiguiente, que los españoles sean bien recibidos en las naciones hermanas y que los hispanoamericanos disfruten en España mayores privilegios que los demás extranjeros. Tanto más cuanto que,[6] entre algunos de las países americanos y España, existe un tratado de doble nacionalidad.

Por otra parte, el gobierno español, en la medida de sus fuerzas,[7] contribuye con préstamos, ayuda técnica e inversiones al desarrollo de los territorios de Hispanoamérica que más necesitan ese auxilio. Además otorga muchas becas y bolsas de viaje a estudiantes, escritores y artistas que quieran proseguir sus estudios en la Península.

En las capitales y ciudades de mayor importancia de la América española, el Instituto de Cultura Hispánica, con sede central en Madrid, mantiene filiales en las que gracias a bibliotecas, exposiciones, cursos y conferencias se afirma la idea de unidad de la civilización española a ambos lados del Atlántico.

Un intercambio semejante, aunque no tan intenso, existe entre España y los países árabes. Histórica y culturalmente, hay también una innegable relación entre el mundo islámico y el ibérico. En Madrid funciona un Instituto Cultural Hispano-Árabe y algunas universidades españolas sostienen centros de especialización en lengua y civilización arábigas. El árabe es idioma que aprenden bastantes españoles y el español, a su vez, es hablado por muchos estudiantes de Marruecos, Argelia y otras naciones del bloque islámico.

Ciertamente España ha perdido su imperio y disminuído en poder político, pero su misión es importante y su lengua, cada vez más difundida, ha venido a ser[8] uno de los instrumentos indispensables para la comunicación internacional.

---

[6] tanto más cuanto que = sobre todo porque
[7] en la medida de sus fuerzas = tanto como le es posible
[8] ha venido a ser = se ha convertido en

EL MOMENTO ACTUAL EN ESPAÑA

El cambio de gobierno llevado a cabo tras la muerte de Franco fue muy bien acogido por la mayoría de los españoles y, con algunas reservas, por ciertos grupos partidarios del régimen anterior. El problema político más grave ha resultado ser el promovido por los separatistas de Vasconia 5 y Canarias que aunque no suman sino una pequeñísima minoría en sus respectivas regiones no han vacilado en recurrir ocasionalmente al terrorismo para conseguir sus fines.

España, además comparte muchos problemas de orden 10 económico con los países del mundo occidental. Huelgas frecuentes, inflación, paro obrero y crisis de energía, que han coincidido en ella con un período de fuerte expansión industrial.

Pero, a pesar de las circunstancias antedichas, parece ser 15 que pueblo y gobierno se hallan decididos a que la libertad y la democracia se mantengan y la estabilidad no se altere.

PREGUNTAS

1 ¿De qué organizaciones forma parte España?

2 ¿Qué diferencias existen entre España e Inglaterra?

3 ¿Qué colonias le quedaron a España después de la pérdida de Cuba?

4 ¿Qué ha sucedido con la zona marroquí de protectorado?

5 ¿Qué ocurre con el Sahara español?

6 ¿Qué países han formado, y cómo, la Guinea ecuatorial?

7 ¿Qué ha ocurrido allí después?

8 ¿Qué clase de relaciones mantienen España y Portugal?

9 ¿Por qué existen lazos tan estrechos entre España e Hispanoamérica?

10 ¿Cómo contribuye el gobierno español al desarrollo de Hispanoamérica?

11 ¿Qué hace el Instituto de Cultura Hispánica?

12 ¿Cuál es la política con los estados árabes?

13 ¿Por qué es importante la misión de España?

14 Hable del problema del separatismo.

15 Explique las circunstancias económicas en la España de hoy.

VOCABULARIO

ABREVIATURAS

f. feminine
inf. infinitive
m. masculine
mf. masculine and feminine
pers. pron. personal pronoun
pl. plural
refl. pron. reflexive pronoun
v. verb

A

aceptar to accept
adyacente adjacent
africano African
afuera outside; **las afueras** outskirts
ágil *mf.* agile, light
agilidad agility, lightness
agitar to shake, excite
aglomeración agglomeration
agosto August
agotar to exhaust
agotado exhausted
agradable *mf.* pleasant
agrandado enlarged
agravar to make worse
agregar to add
agregarse to join
agresión aggression
agrícola *mf.* agricultural
agrícolamente agriculturally
agricultor farmer
agricultura agriculture
agrupación community, society, grouping
agrupado grouped
agruparse to group, join a group
agua water
agudo sharp, acute
ahorrar to save
ahorro savings
ahora now
aire *m.* air; **aire libre** open air; **aire severo** severe aspect
aislado isolated, detached
aislamiento isolation
ajeno different, foreign
alabanza praise
albergar to shelter, lodge
albergue *m.* shelter, inn
albores dawn, beginnings
alcalde *m.* mayor
alcance *m.* range; **a su alcance** within his reach; **de grandes alcances** of great intelligence
alcantarillado sewage system
alcanzar to reach, grasp, attain
alcázar fortress, royal palace
aldea village
alegre *mf.* gay, joyful, merry
alegría gaiety
alejarse to move away, keep at a distance
alemán German

Alemania Germany
alfonsino follower of King Alfonso
alforja knapsack; saddlebag
algo something
algodón cotton
algún, alguno someone; **algunos** some; **alguna vez** sometime
aliado allied, ally
alianza alliance
alimentación nourishment, feeding
alimenticio nourishing, nutritional
alimento food, nourishment
aliviar to lighten, relieve
alma soul, person
almacén warehouse, store
almacenar to store
almena merlon
almendra almond
almirante admiral
almohade follower of a Medieval Muslim sect
almoravide follower of a Medieval Muslim sect of North Africa
almorzar to have lunch
almuerzo lunch
alojamiento lodging
alojarse to lodge, be quartered
alrededor around; **alrededores** outskirts
altamente extremely, highly
alterar to alter, disturb, agitate
alternancia alternation
alternar to alternate, take turns
altivo haughty
alto tall, high, eminent; **altos hornos** blast furnaces
altura height, altitude; **pesca de altura** fishing far from the coast; **estar a la altura de las circunstancias** to rise to the occasion
alumbrado lighted; lighting system
aluminio aluminum
alumno pupil, student
alusión allusion
allá there; **más allá** farther away
Allah God (Arabic)
allegado related
allí there
ama landlady, housekeeper; **ama de casa** housewife
amante *mf.* lover, fond of
amargado embittered
amargura bitterness
Amazonas *m.* Amazon River

iii

ambición ambition
ambicioso ambitious
ambiental environmental
ambiente *m.* environment, atmosphere
ambos both
ambulante *mf.* roving, moving about;
  cantor ambulante minstrel
América Central Central America
americano American
amigo friend
amistad friendship; **estrecha amistad**
  intimate friendship
amnistía amnesty
amor love
amoroso loving
amparado protected
ampliar to amplify, enlarge, extend
amplio large, roomy
analfabetismo illiteracy
análisis analysis
analizar to analyze
anarquía anarchy
anarquista anarchist
ancho broad, wide; **sombrero ancho** wide-
  brimmed hat
anchura width, breadth
andaluz Andalusian
andante walking; **caballero andante**
  knight-errant
andar to walk, pace, go
Andes *mpl.* Andes mountains
anglicanismo Anglicanism
angustia anguish, distress
animación liveliness, movement
ánimo courage, spirit, intention; **presencia**
  de ánimo courage
aniquilar to annihilate, destroy
anónimo anonymous; anonym
anormal abnormal
anotar to note
ansia eagerness; anxiety
antagonismo antagonism
ante in front of, in the presence of, before;
  ante todo in the first place
antecedente *mf.* antecedent
antecesor predecessor, ancestor
antedicho aforesaid
anterior preceding, previous
anterioridad anteriority; **con anterio-**
  ridad previously
antes before, formerly; **antes de** before;
  cuanto antes as soon as possible

anticipación anticipation; **con anticipa-**
  ción in advance; **con días de anticipa-**
  ción days ahead
antifaz *m.* mask, veil
antiguedad antiquity
antiguo ancient; **de antiguo** long ago
antiquísimo very old, very ancient
anual annual
anualmente yearly
anulado nullified
anular to nullify
anunciar to announce, advertise
año year; **año nuevo** new year; **año**
  bisiesto leap year
apacible *mf.* peaceful, gentle
apagar to extinguish, put out (a fire)
aparato device; **de gran aparato** osten-
  tatious
aparecer to appear
aparente *mf.* apparent, evident
apariencia appearance, aspect
apartamento apartment
apartar to separate, take aside
apartarse to move away, retire
aparte apart, aside; **aparte de** apart from,
  besides
apasionado passionate
apenas hardly, scarcely, as soon as
aperitivo aperitive
aplicable *mf.* applicable
aplicarse to apply oneself, devote oneself
apoderarse to seize, occupy
apogeo apogee, highest point
apóstata *mf.* apostate
apóstol apostle
apoyado supported
apoyar to support, back
apoyo support, backing; **en apoyo de** in
  support of
apreciadísimo very appreciated
apreciado appreciated
apreciar to appreciate, esteem, appraise
aprender to learn
apresurarse to hasten, hurry
aprobación approval
aprobado approved, passed (an examination)
aprobar to approve, pass (an examination)
aprovechamiento improvement, progress
aprovechar to take advantage, profit by
aprovisionamiento supply
aprovisionar to supply

aproximadamente approximately
aproximarse to come near
apuntar to note, point out, aim
aquejar to afflict
aquél that one, the former
aquietarse to quiet down, become calm
árabe *mf.* Arab
arabista arabist
aragonés from Aragón
arbitraje *m.* arbitration
arbitrariedad arbitrariness
árbol tree
arbolado wooded, woodland
arca coffer, chest
arco arch, arc, bow; **arco de medio punto** semicircular arch; **arco ojival** pointed arch; **arco de herradura** horseshoe arch
archivo archives
ardiente *mf.* ardent; **temperatura ardiente** very hot weather
Argel Algiers
Argelia Algeria
argentino Argentine
aristocrático aristocratic
arma arm, weapon
armado armed
armamento armament
armar to arm
arquitecto architect
arquitectura architecture
arrabal suburb; **los arrabales** outskirts
arraigo firmness, solidity
arrancar to pull out
arreglo arrangement, adjustment
arrianismo Arianism
arriba above, on top
arribar to arrive, reach a seaport
arriesgado risky, dangerous
arrojar to throw, throw out
arroz rice
arte *m.* art; **las artes** *fpl.* the arts
artesanía craftmanship
artesano artisan
artículo article; **artículo de periódico** newspaper article; **artículos de consumo** consumer goods
artillería artillery
artista *mf.* artist
artístico artistic
arzobispado church district governed by an archbishop, rank of an archbishop
arzobispo archbishop

asalto assault, attack; **tropas de asalto** storm troops
asamblea assembly
asegurar to assure, guarantee, assert
asesinado murdered
asesinato murder, assassination
así so, thus
Asia Menor Asia Minor
asiático Asiatic
asimilación assimilation
asimilar to assimilate
asistencia assistance, attendance; **asistencia social** social aid; **asistencia médica** medical care
asistente *mf.* assistant, attendant
asistir to assist, attend
asno ass
asociación association
asociado associated
asolar to destroy
aspecto aspect; **en todos los aspectos** from every point of view
aspirar to aspire, have ambition
astillero shipyard
astronomía astronomy
asumido assumed
asumir to assume
asunto matter, business, theme
atacar to attack, contradict
ataque attack
atención attention
atender to attend, pay attention, take care of
atendido attended, taken care of
atentado attempt, assault
Atlántico Atlantic
atractivo attractive
atraer to attract
atrajo he attracted
atrás behind; **siglos atrás** centuries ago; **mucho atrás** long ago; **muy atrás** far behind
atrasado backward, late
atravesado put across, pierced, gone through
atravesar to go through, to pierce, put across
atún tuna
audiencia high court of justice
auge *m.* boom, vogue
aumentado increased
aumentar to increase, enlarge
aumento increase, enlargement
aún still, even; **aún cuando** although

aunque even, though
auto (sacramental) theological play
automóvil automobile
autonomía autonomy
autónomo autonomous
autopista turnpike
autoridad authority; las autoridades government officials
autoritario authoritarian
auxiliar mf. auxiliary, assistant
auxiliar v. to help
auxilio help, assistance
avance m. advance
avanzado advanced; avanzada militar military outpost
ave bird
aventura adventure
aviación aviation; aviación militar air force
avión airplane
axioma m. axiom
ayuda help, aid
ayudado helped, aided
ayudante mf. aid, assistant
ayudar to help, aid, assist
ayuno fasting
ayuntamiento city council, city building
azote m. scourge, lash
azúcar sugar; caña de azúcar sugar cane
azufre m. sulphur
azul blue
azulejo glazed colored tile

B

bachiller bachelor
baile dance, ball
bajas soldiers who have been wounded, killed, or made prisoners of war
bajísimo very low
bajo short, low, under, down; pueblo bajo lower class
balanza balance; balanza de comercio balance of trade; balanza de pagos balance of payments
Balcanes the Balkans
Baleares Balearic Islands
baloncesto basketball
banca banking
banda band
bandera flag, banner
banderilla barbed dart (used in bullfighting)
banderillero bullfighter in charge of the "banderillas"

bandidaje banditry
bandido bandit
bando edict, faction
baño bath, bathroom
barato cheap, inexpensive
baratura cheapness
bárbaro barbarian, barbaric
barco boat, vessel, ship; barco mercante merchant ship; barco-cisterna tank
barrio quarter, suburb
barroco baroque
barullo tumult, confusion
basarse en to base on, rely on
base base, basis; base aérea air base; base naval naval base; a base de on the basis of
bastante enough
batalla battle
batir to beat, defeat
bautismo baptism
bebida drink
beca scholarship, fellowship
belicoso bellicose, warlike, quarrelsome
beligerante mf. belligerent
belleza beauty
bello beautiful
bendición benediction, blessing
beneficencia beneficence, welfare
beneficio profit, benefit
beneficioso beneficial
benéfico beneficient, charitable; institución benéfica charitable institution
beneplácito approval, consent
benevolente mf. benevolent
biblioteca library
bicicleta bicycle
bien well; más bien rather; o bien or else; si bien though; los bienes wealth, riches
billete ticket, banknote
biografía biography
biológico biologic, biological
bisonte m. bison
blanco white
blancura whiteness
boque block; el bloque islámico the Islamic alliance
boga vogue; estar en boga to be fashionable, to be famous
bolsa purse; la Bolsa stock exchange; bolsa de viaje fellowship for travel
bombardeo bombardment, bombing
bondad kindness, goodness
bordado embroidering

borde edge, fringe; **al borde de** very close to, very near

borrar to erase, efface, cross out

bosque wood, forest

bota boot; **bota de montar** riding boot

botánico botanical; **jardín botánico** botanical garden

botar to launch a boat

bravo brave, wild

bravura bravery, fierceness

breve short, brief

brigada brigade

brillante brilliant, bright

brindar to toast, to offer, invite; **brindar contrastes** to emphasize differences

brindarse to offer oneself

brío spirit, determination

británico British

bueno good, kind

buey ox

buque ship, boat, vessel

burgués bourgeois; in the Middle Ages, the inhabitant of a city

burguesía bourgeoisie, middle class

burlar to deceive, trick

burlarse de to make fun of

burocracia bureaucracy

buscar to look for, seek

C

caballería chivalry; **novela de caballerías** romance of chivalry

caballero knight, gentleman; **caballero de Santiago** knight of the Order of St. James

caballo horse

cabaña cabin, hut

cabdal (old Spanish) volume of water

caber to fit, be possible; **cabe decir** it is possible to say

cabeza head

cábila (In Morocco) tribe

cabra goat

cabo cape, end, corporal; **llevar a cabo** to accomplish; **al cabo** in the end

cacique Indian chief; political boss

cada each, every

cadena chain

caer to fall, fall out

café coffee; **un café** a café; **café cantante** nightclub

caída fall; **caído** fallen; **la caída de la tarde** sunset, dusk

calandria calender

calcular to calculate, reckon

cálculo conjecture, reflection; calculus

caldeo Chaldean

calefacción heating; **calefacción central** central heating

calidad quality, capacity; **en calidad de** in the capacity of

caliente *mf.* hot, heated, warm

califa caliph

calor heat, warmth

caluroso warm, hot

calvinismo Calvinism

Calvino Calvin

calzado footwear

calzar to put on shoes

callar to keep silent; **callarse** to become silent

calle *f.* street

callejero fond of walking the streets, loiterer

cámara chamber, hall; **Cámara de Comercio** Chamber of Commerce; **música de cámara** chamber music

cámara legislativa Parliament; **Cámara de Diputados** House of Commons

cambiar to change, exchange

cambio change, exchange; **cambio de moneda** money exchange; **en cambio** on the contrary; **a cambio de** in exchange for

camino road, way, path; **Camino de Santiago** St. James Way; **llevar camino de** to show signs of

camión truck

campaña campaign

campeón champion

campeonato championship

campesino peasant, farmer

campestre *mf.* pertaining to the countryside

campo field, country, countryside; **campo de batalla** battleground

canal canal, channel

canalizar to canalize, channel

Canarias Canary Islands

canción song, lyrics

candidato candidate

cansado tired, exhausted

Cantábrico Bay of Biscay

cantador singer

cantante *mf.* singer; **café cantante** night club

cantar to sing, chant

cantidad quantity
canto song, chant
cantón canton, small region
cantor singer, minstrel, bard
caña reed; **caña de azúcar** sugar cane
caótico chaotic
capacidad capacity, ability
capacitado able, qualified
capaz capable, able, competent
capilla chapel; **Capilla Real** Royal Chapel
cápita head; **por cápita** per capita
capital *f.* capital, main city, capital city
capital *m.* wealth, riches, capital
capitán captain
Capitanía General military district for an army corps
capitel capital (of a column)
capítulo chapter
capricho whim, caprice
capturado captured, prisoner
capturar to capture
cara face, look
carabela caravel, old sailing ship
carabinero carabineer, guard
carácter character
característica characteristic
caracterizado characterized
caracterizarse to characterize oneself
carbón coal, charcoal, carbon
carbonífero carboniferous
cárcel *f.* jail, prison
cardenal cardinal
carecer to be in want, lack
carencia lack, want, need
cargo office, job, charge; **a cargo de** in charge of
Caribe Caribbean
caridad charity
cariño love, affection
carlista Carlist, follower of Don Carlos in the Carlist wars
carne meat, flesh
caro dear, expensive
carpa carp
carrera career, race, course
carreta cart
carretera road
cartaginés Carthaginian
Cartago Carthage
cartón cardboard, carton, cartoon
casa house, home, firm
casado married
casamiento marriage, wedding

casarse to marry
casi almost, nearly
casita little house
caso case, event; **en caso de** in case of; **en todo caso, en cualquier caso** in any case; **verse en el caso** to feel obliged; **hacer caso** to obey, pay attention
castellano Castilian; **lengua castellana** Spanish language
castidad chastity
castigo punishment
Castilla Castile; **Castilla la Vieja** Old Castile; **Castilla la Nueva** New Castile
castillo castle, fortress
castizo pure, correct
catalán Catalonian
catálogo catalogue
Cataluña Catalonia
cátedra chair, professorship
catedral *f.* cathedral
catedrático professor
categoría category, quality
catolicismo Catholicism
católico Catholic
caucho rubber
caudal volume, wealth
caudaloso (a river) with a great volume of water
caudillo chief, leader
causa cause; **a causa de** on account of
causar to cause
cautivo captive, prisoner
caza game, hunting; **caza menor** small game; **caza mayor** big game
cebada barley
cebolla onion
ceder to yield, give up
celebrar to celebrate, welcome
celebrarse to take place
celo zeal, envy; **celos** *mpl.* jealousy
celta *mf.* Celt, Celtic
cemento cement, concrete
cenar to have dinner
centenar a hundred; **centenares** hundreds
centígrado centigrade
central central; headquarters
centralizar to centralize
centrar to center
céntrico central; **calles céntricas, barrios céntricos** downtown
centro center, club, downtown
ceñido tight
cerámica ceramics

cerca near, close
cercano near, close by, neighboring
Cerdeña Sardinia
cerdo hog, pig
ceremonia ceremony
cero zero
cerveza beer
cerrar to close, shut, lock
cesar to cease, stop
cesión cession, abandon
ciegamente blindly
ciego blind
cielo sky, heaven
cien one hundred
ciencia science
científico scientist, scientific
ciertamente certainly
cierto certain; ser cierto to be true; estar
   cierto to be sure
ciervo deer
cifra cipher, number, figure
cima top, summit
cinco five
cincuenta fifty
cine movies; un cine a movie theater
circo circus, amphitheater
circulación traffic
circunstancia circumstance
cirio candle
cirugía surgery
cirujano surgeon
citar to quote, make an appointment, have
   a date
ciudad city, town; ciudad universitaria
   university city
ciudadanía citizenship
ciudadano citizen
civil civil, civilian; Guardia Civil rural
   police
civilizado civilized
civilización civilization
claridad clarity
claro clear; claro está of course; poner en
   claro to clarify
clase class; clase baja lower class; clase
   alta upper class; clase media middle
   class; clase obrera working class
clasicista classicist
clásico classical, classic
claustro cloister; claustro universitario
   faculty
clavar to nail
clave key; palabra clave main word

clérigo clergyman, cleric
clero clergy
clima m. climate, weather
clínica clinic, private hospital
coalición coalition
cobrar to cash, collect
cobre copper
código code
codificar to codify
codorniz quail
cofrade member of a confraternity
cofradía brotherhood
coincidir to coincide
colaborar to collaborate
colección collection
colectividad collectivity
colectivo collective
colegio college, school; colegios mayores
   university colleges
colmar to fill up, crowd
colocar to place, put
colocarse to get a job, place oneself
colocado placed, employed
colombiano Colombian
colonia colony
colonización colonization
colonizador colonizer
colonizar to colonize
columna column, pillar
comarca region, territory
combate combat, fight, struggle
combatido harassed
combatir to combat, fight, struggle
combinación combination
combustible combustible; fuel
comedia comedy, play, farce
comentar to comment
comenzando beginning
comenzar to begin, start
comer to eat
comercial commercial; ruta comercial
   trade route
comerciante mf. merchant
comercio trade, commerce; comercio interior domestic trade; comercio exterior
   foreign trade
cometer to commit
comida food, meal, dinner
comienzo beginning, start
comisión comission
comité committee; comité de arbitraje
   arbitration committee
como as, like, how; ¿cómo? how?, why?

cómodamente comfortably
comodidades comforts, conveniences
cómodo comfortable, convenient
compacto compact
compañero companion, partner
compañía company, society; **Compañía de Jesús** Society of Jesus (Jesuits)
comparación comparison
comparar to compare
comparativamente comparatively
compartir to share
compasión compassion
compensar to compensate
competir to compete
complaciente *mf.* complaisant, nice, indulgent
complejo complex; **complejo industrial** industrial complex
complemento complement; **oficial de complemento** reserve officer
completamente completely
completo complete, full
complicado complicated
complicar to complicate, involve
complicarse to become involved
componer to compose, arrange, repair
composición composition, arrangement, repair
compositor composer
compra purchase, buy; **ir de compras** to go shopping
comprar to buy, purchase
comprender to understand, include
comprometer to bind, compromise, oblige
comprometerse to obligate oneself, commit oneself
comprometido obligated; committed
compuesto compound, composite
común common; **por lo común** generally speaking, commonly
comunicación communication; **comunicaciones** *fpl.* ways of trade, travel, mail
comunidad community; **comunidades religiosas** convents, monasteries
comunión communion
comunista *mf.* communist
comúnmente commonly
con with
concebir to conceive
conceder to concede, admit, grant
concejo council; **concejo municipal** city council
concentración concentration

concentrado concentrated
concentrarse to concentrate, restrain
concepto concept, opinion
concerniente *mf.* concerning, relating (to)
concesión concession
conciencia conscience, consciousness
concierto concert; agreement
concilio council; **Concilio de Trento** Council of Trent
concluir to end, finish, conclude
concreto concrete
concurrir to gather, to attend
conde count, earl
condesa countess
condición status, circumstance, condition; **a condición de que** provided that
condicionar to adjust, condition
conducido conducted, guided
conducir to conduct, lead, guide
conducta conduct, behavior
conejo rabbit
confeccionar to make
confederarse to confederate
confesión confession, religion; **otras confesiones** other religions
confiar to entrust, rely, confide
confiarse to be confident, trust
confinado confined
confirmado confirmed
confirmar to confirm
conflicto conflict, struggle, war
confort comfort
confortable *mf.* comfortable
congestionado congested
conjunto whole, ensemble; **cuadro de conjunto** group show; **en conjunto** entirely, totally
conmemorar to commemorate
conocer to know, meet
conocido well-known, familiar acquaintance
conocimiento knowledge, understanding
conquista conquest
conquistado conquered, won over
conquistador conqueror
conquistar to conquer, win over
consagración devotion
consagrar to devote, dedicate
consecuencia consequence; **como consecuencia** consequently; **en consecuencia** accordingly
conseguir to get, obtain
consejero counselor, adviser

conserva conserve, preserve, canned food; **conservas de pescado** canned fish
conservación conservation, maintenance
conservador conservative
conservar to preserve, to keep
considerable *mf.* considerable, large, big
considerablemente considerably
consideración consideration
considerado considered, respected, kind; **considerado como** considered as
considerar to consider
consigo with him, with her, with you, with them, with himself, with herself, with yourself, with yourselves, with themselves
consiguiente consequent; **por consiguiente** therefore
consistente consistent, consisting; **consistente en** consisting of
consistir to consist; **consistir en** to consist of
consolación consolation
consolidado consolidated
consolidar to consolidate
constante *mf.* constant
constitución constitution
constitucionalista *mf.* constitutionalist
constituído constituted
constituirse to constitute oneself
constituyente constituent; **Cortes Constituyentes** Constituent Assembly
construcción construction, building
constructivo constructive
constructor builder
construir to build
consuelo consolation, comfort
consumir to consume
consumo consumption
contacto contact
contar to count, to tell; **contar con** to count on, rely on
contemporáneo contemporary
contener to contain, stop
contenido contents
contienda contest, fight
continente *m.* continent
continuación continuation; **a continuación** right after
continuador continuer, follower
continuamente continuously
continuar to continue, go on
contínuo continuous, endless
contra against

contrabando contraband, smuggling
contradicción contradiction
contraofensiva counteroffensive
contrariedad contrariety, annoyance
contrario contrary, opposite, rival; **al contrario** on the contrary; **los contrarios** *mpl.* the ememy
Contrarreforma Counter-Reformation
contrastar to contrast
contraste *m.* contrast
contribución contribution, tax
contribuir to contribute
controlar to control, check
convencer to convince
conveniente *mf.* convenient, suitable, advantageous
convenio agreement, treaty
convenir to agree, be convenient
convento convent
conversar to talk, converse
conversión conversion
convertido converted
convertir to convert
convertirse to become converted
convicción conviction
convocar to convoke, call a meeting
coordinado coordinated
copado surrounded
copiar to copy, imitate
copla couplet, popular song
coraza armor plating
corazón heart, center; **corazón de un país** center of a country
corcho cork
cordialidad cordiality
cordillera mountain range
cordobés from Córdoba
corona crown
corporación corporation, company
corral barnyard; **corral de comedias** theater
corregir to correct
correo mail; post office
correr to run, race
corresponder to correspond, reciprocate
correspondiente corresponding
corrida run; **corrida de toros** bullfight
corriente current, common; **corriente literaria** literary trend; **corriente del Golfo** Gulf Stream; **estar al corriente** to be informed, to be aware
corrigiendo correcting
corrupción corruption

cortado cut

corte cut; **la corte** court, capital city of a kingdom; **las Cortes** Spanish Parliament; **corte clásico** classical style

cortijo large farm

corto short, small

corzo deer

cosa thing; **otra cosa** something else

cosmopolita *mf.* cosmopolitan

costa coast, shore; **a toda costa** at any price

costar to cost

costero coastal

costo cost, price; **el costo de la vida** cost of living

costoso expensive, costly

costumbre *f.* custom

costumbrismo literary trend of the 19th century

cotidiano daily

creación creation

creacionismo literary trend in poetry (20th century)

creado created; **intereses creados** vested interests

crear to create

creativo creative

crecer to grow, increase

crecido grown, increased; **crecido número, cantidad crecida** great amount

creciente *mf.* growing, increased

crecimiento growth, increase

creencia belief, creed, religion

creer to believe, think

cría breeding, raising

criadero breeding place

criado bred; **el criado, la criada** servant

criminalidad criminality

criollo Creole

cristal crystal, glass

cristianismo Christianity

cristiano Christian

Cristo Christ

criticar to criticize, to gossip

crítico critic, critical; **la crítica** criticism

crónico chronic; **crónicas** *f.* chronicles

cruce *m.* cross, crossing; **cruce de caminos** crossroad

cuadrado square; **kilómetro cuadrado** square kilometer; **milla cuadrada** square mile

cuadrangular quadrangular

cuadrilla squad, gang; team of bullfighters

cuadro picture; **cuadro de conjunto** group show

cual which, who; **por lo cual** for which reason; **tal cual** such as

cualidad quality

cualquier, cualquiera anyone, anybody whichever, whoever

cuando when; **de cuando en cuando** from time to time

cuantía quantity, importance; **de menor cuantía** of little importance

cuanto as much as, whatever; **en cuanto a** as for; **en todo cuanto** in all that; **cuanto antes** as soon as possible; **cuanto más tanto que** all the more

¿cuánto? how much?

cuarenta forty

cuartel barracks; **cuartel general** headquarters

cuarto fourth, quarter, room; **cuarto de baño** bathroom

cuatro four

cuatrocientos four hundred

cubano Cuban

cubierto covered, cover; **a cubierto de** protected from

cubismo cubism

cubrir to cover

cuenca river basin; **cuenca minera** mining basin

cuenta count, account; **tener en cuenta** to bear in mind; **darse cuenta** to realize; **dar cuenta a** to inform; **dar cuenta de** to destroy, to inform

cuento story

cuero leather

cuerpo body; **cuerpo de ejército** army corps; **cuerpo de policía** police corps; **cuerpo a cuerpo** hand to hand

cuestión question, matter

cueva cave

cuidado care, concern; **tener cuidado** to be careful; **bien cuidado** well cared for

cuidadosamente carefully

cuidar to take care of

cuidarse de to care about

culteranismo literary trend of the 17th century

cultivado cultivated, cultured

cultivador cultivator, farmer; **cultivador de una tendencia** belonging to a tendency or trend

cultivar to cultivate

cultivo cultivation, farming
culto cultured, learned, well-read, cult
cultura culture
culturalmente culturally
cumbre *f.* summit, top
cumplimiento fulfillment
cumplir to fulfill
cumplido fulfilled; courtesy; **persona cumplida** courteous, reliable person; **cumplir una promesa** to keep a promise
cúpula dome
cura *m.* curate, priest; **cura** *f.* cure, treatment
curación healing, treatment
curioso curious
cursar (estudios) to study
cursivo cursive
curso course
cuyo whose

Ch

chabola cabin
charlar to chat, chatter
chaquetilla short jacket
chico small, little; lad, youngster
chileno Chilean
choque shock, collision; **tropas de choque** skirmish troops

D

dado given; **dado a** fond of; **dada la falta de** considering the lack of
dama lady
Damasco Damascus
danza dance, ballet
dar to give; **darse a** to devote oneself to
datar to date
dátil date (fruit)
de of, from, than (before a numeral)
debajo below, underneath
deber duty
deber *v.* to owe, must; **deber de** to have to
debido due, just
débil *mf.* weak
debilidad weakness
debilitado weakened
debutante *mf.* debutante, beginner
decadencia decadence
decaer to decay, weaken
decaído decayed, weakened
decidir to decide
decidido decided
decir to say, tell; **es decir** that is to say; **mejor dicho** rather; **se dice** it is said; **dicho** said

decisivo decisive
declaración declaration, statement
declarar to declare, make a statement
decoración decoration
decorado decorated
decretar to decree
decreto decree
dedicar to dedicate, devote; **dedicarse** to devote oneself
defecto defect
defender to defend, protect
defensa defense
defensor defender
deficiente *mf.* defective, deficient
definir to define
definitivamente definitely
definitivo definitive
dejar to leave, to abandon; **dejar de** to fail to
delante before; **delante de** in front of
delegado delegate, representative
delgado thin, slender, slim
delicadeza delicacy, ingenuity
delincuente *mf.* delinquent, criminal
delito crime
demagógico demagogic
demás: lo demás the rest; **por lo demás** besides
demasiado too much
demócrata *mf.* democrat, democratic
demostrar to demonstrate, prove
denominar to name, call
denotar to denote
densidad density; **densidad de población** number of inhabitants per square mile
dentro inside, within; **dentro de poco** in a short time
departamento department
depender to depend
dependiente *mf.* dependent
deporte sport
deportivo sportive, pertaining to sports
derechista *mf.* rightist
derecho right, law; **facultad de derecho** law school; **por derecho propio** in his own right
derivado derived, by-product; **petróleo y sus derivados** oil and its by-products
derivar to derive
derribar to demolish, overthrow, throw to the ground
derrocar to overthrow

xiii

derrota defeat
derrotar to defeat
desafecto opposed
desagradar to displease
desagrado displeasure
desaguisado offense, outrage
desalojar to dislodge, eject, leave
desamortizar to free from mortmain (outside ownership); to release from a mortgage
desamortización freedom from mortmain (outside ownership); release from a mortgage
desaparecer to disappear
desaparición disappearance
desarrollo development
desarrollar to develop; **desarrollarse** to develop, take place
desastre disaster
desayuno breakfast
descansar to rest
descanso rest; **sin descanso** without respite
descendiente *mf.* descendant
descolonización decolonization
descollar to excel, stand out
descomedido rude, impolite, immoderate
desconfiar to distrust
descongestionar to make room, remove congestion
desconocido unknown
desconsiderado inconsiderate, rude
descontento displeased, discontent
describir to describe
descripción description
descubrimiento discovery
descubrir to discover
descuidar to neglect
descuidado neglected, careless
desde from, since, after; **desde hace tiempo** for some time; **desde entonces** ever since; **desde luego** of course
desdén scorn, contempt
desdeñar to disdain, scorn
desdichado unfortunate, unhappy
desear to wish, desire
desecación drying
desechar to throw aside, cast out
desembarcar to disembark, unload
desembarco landing
desemejanza dissimilarity
desempeñar to fill a function or office, carry out

desempleo unemployment
desencadenar to break loose, let loose
desengaño disappointment
desentrañar to reveal, figure out, clarify
desenvolver to develop, disentangle; **desenvolverse** to extricate oneself; **desenvolverse bien** to prosper
desenvolvimiento development
deseo wish, desire
deseoso desirous, eager
desesperado desperate, hopeless
desfavorable *mf.* unfavorable
desgraciado unfortunate, unhappy
deshacer to undo, take apart, destroy, rout; **deshacerse de** to get rid of
deshecho undone, defeated, routed, destroyed
deshumanización dehumanization
desierto desert
designar to appoint, select
desigual *mf.* unequal, irregular, difficult
desintegrar to disintegrate
desintegración disintegration
deslumbrante *mf.* dazzling
desmayar to lose heart, falter
desmayarse to faint
desmán excess, misbehavior
desmerecer to become unworthy, decline in value
desnudo naked, bare
desorden disorder
desorganización disorganization
desorganizado disorganized
despertar to awaken, wake up
desplazamiento displacement
desplazar to displace, move
despoblarse to become depopulated
despotismo despotism; **despotismo ilustrado** enlightened despotism
despreciar to despise, scorn
desprenderse to loosen, detach, give up
después after, afterwards, later
destacado outstanding, distinguished
destacar to emphasize
destacarse to excel, stand out
desterrar to exile, banish
destierro exile, banishment
destilar to distill
destinar to destine
destino fate, destination, job; **con destino a** bound for, intended for
destituir to dismiss from office
destronar to dethrone, overthrow

destruir to destroy
desvanecer to vanish
desvaneciendo vanishing
detallado detailed
detalle detail
detención detainment, arrest
detener to stop, arrest, detain
deteriorarse to deteriorate
determinado resolute, determined; **un determinado número** a certain number
determinar to determine, cause
devaluar to devaluate
devoción devotion
devolver to return, give back, send back
devoto devout, devoted
día *m.* day, daytime; **de día** in the daytime; **día de trabajo** workday; **día de fiesta** holiday; **día de precepto** religious holiday
dialecto dialect
diálogo dialogue
diario daily; **el diario** the newspaper; **a diario** daily, everyday
dibujo sketch, drawing
diccionario dictionary
dicho said; **dicho país, dicho lugar** the aforementioned country, the aforementioned place
dictador dictator
dictadura dictatorship
dictar to dictate
didáctico didactic
diecinueve nineteen
diestro skillful, handy; **el diestro** the head bullfighter
diez ten
diferencia difference
diferenciar to differentiate
diferente *mf.* different
diferentemente differently
diferir to delay; to differ, be different
difícil *mf.* difficult
dificultad difficulty
difundido widespread, widely known
difundir to spread, divulge, publish
difunto deceased
difusión spreading, diffusion
dignidad dignity
digno worthy, dignified; **digno de** deserving
dimisión resignation; **presentar la dimisión** to resign
dinastía dynasty
dinero money, currency

diócesis diocese
Dios God
diplomático diplomat
diputación deputation; **Diputación Provincial** Provincial Congress
diputado representative, deputy; **diputado a Cortes** member of Parliament
dirección direction, tendency, management, address
directamente directly
directo direct
director director, manager
dirigir to direct; **dirigirse a** to address oneself to, to go to
disciplina discipline, teaching
disciplinado disciplined
discípulo pupil, student, disciple
disconformidad disagreement
discorde *mf.* discordant, opposed
discriminación discrimination
discusión discussion, argument
discutir to discuss, argue
disfrutar to enjoy
disgustar to displease
disminuído diminished
disminuir to diminish, decrease
dispensar to dispense, exempt, excuse; **dispensar de** to exempt from
disponer to arrange, prepare, dispose
disposición inclination, aptitude; **disposición legal** law, decree, ban
dispuesto comely, skillful; **estar dispuesto a** to be ready to
dispuso (from **disponer**) he arranged
disputa argument, dispute
distancia distance
distinción distinction; **distinciones** privileges, distinctions
distinguido distinguished; **clase distinguida** high social class
distinguir to distinguish; **distinguirse** to excel, stand out
distinto different, distinct
distribución distribution
distribuir to distribute
distrito district
disturbio riot, disturbance
disuelto dissolved
diversidad diversity
diversión amusement, diversion
diverso diverse, different
divertir to amuse; **divertirse** to have a good time

dividido divided
dividir, dividirse to divide, to share
divulgar to disclose, divulge
doble double, twofold; **el doble** twice the amount
doce twelve
docena dozen
doblaje dubbing of a film
doctrina doctrine
documentación documentation
documental documental, documentary
documento document
dólar dollar
dolor pain, ache, grief, sorrow
doméstico belonging to the household, servant; **animal doméstico** pet, tamed animal
dominación domination, dominance
dominante *mf.* domineering
dominar to dominate, subdue, check, have a perfect knowledge; **dominarse** to control oneself
domingo Sunday
dominico Dominican
dominio domain, supremacy, possession, power
don *m.* (*f.* **doña**) title used before the first name of a person; gift, ability, knack
donación donation, endowment, gift
donde where, wherein; **de donde** where from
dormir to sleep
dos two
doscientos two hundred
dotación dowry, endowment; **dotación de un barco** personnel of a boat
dotado gifted
dotar to endow, give a dowry
dote *f.* dowry; **dotes** *pl.* talent
drama *m.* drama, play
dramático dramatic
dramatismo quality of being dramatic
dramaturgo playwright
duda doubt; **sin duda** no doubt, doubtless
dudar to doubt, hesitate
dudoso doubtful
dueño owner, proprietor, master; **hacerse dueño** to take possession of
dulce sweet, gentle, candy; **agua dulce** fresh water
duración duration, length of time
durante during

durar to last, to continue
dureza hardness, cruelty
duro hard, rough, cruel

E

e and
eclesiástico cleric, ecclesiastic
economía economics, economy; **las economías** savings
económicamente economically
económico economic, thrifty, economical
echar to throw, throw away, throw out; **echarse a** *inf.* to begin; **echar de menos** to miss
edad age; **mayor edad** of age (legally); **menor edad** minor, underage (legally) **Edad de Piedra** Stone Age; **Edad Media** Middle Ages; **Edad Moderna** Modern Age
edificar to build
edificio building
educación education, breeding
educado educated, trained, well-bred
educar to educate, to train
efectivo actual, real; **efectivos** *mpl.* troops
efecto effect, article; **al efecto, a este efecto** for that end, for that purpose; **en efecto** as a matter of fact
efectuar to carry out; **efectuarse** to take place
eficacia efficiency
eficacísimo very efficient
eficaz *mf.* efficient
eficazmente efficiently
eje *m.* axle, axis; **las potencias del Eje** Axis powers, Italy and Germany, during World War II
ejecución execution
ejecutante *mf.* performer
ejecutar to execute, perform
ejemplar exemplary, model, sample
ejemplaridad exemplary quality, exemplary behavior
ejemplo example, instance; **por ejemplo** for instance
ejercer to practice
ejercicio exercise, drill
ejército the army
el the
él he, him
elaborado elaborate
elaborar to elaborate

elección election, choice; **elecciones** political election

electivo elective

electricidad electricity

eléctrico electric

electrificado electrified

electrodoméstico all kinds of electric houseware

elegancia elegance, style

elegante *mf.* elegant, stylish

elegantemente elegantly

elegir to elect, choose

elemento element; **elemento joven** youngsters

elemental *mf.* elementary; **instrucción elemental** elementary education

elevado high, elevated

elevar to raise, to elevate

eliminar to eliminate

ella she, her; **ellas** they, them

ello it; **ellos** they, them

embajador ambassador

embalse dam, reservoir

embarcación boat, ship

embarcar to embark

embargo seizure; **sin embargo** however, nevertheless

embellecido embellished, beautified

emboscada ambush

emigrado emigrant; **emigrado político** political exiled

emigración emigration

emigrante *mf.* emigrant

emigrar to emigrate, migrate

emoción emotion

emparentado related by blood or marriage

emperador emperor

empezar to begin, start

emplear to employ, use

empleado employed, used; **los empleados** the employees

empleo use, job, office

empobrecimiento impoverishment

emprendedor enterprising

emprender to undertake

emprendido undertaken

empresa enterprise, company, undertaking

empujado pushed

empuje *m.* push, energy

en in, into, at, on

enamorado in love

enamorarse to fall in love

encabezar to lead, head

encaje *m.* lace

encaminarse to be on the way, go to, set out

encapuchado hooded

encarcelado jailed, prisoner

encarcelamiento imprisonment

encarcelar to jail, put in prison

encargado person in charge

encargarse to take charge

encarnizado bloody, bitter

encendido lighted

encerrado shut in, locked in

enciclopedista *mf.* encyclopedist

encontrar to find; **encontrarse con** to meet, find, collide with

encuadrado framed, limited, fitted in

enemigo enemy, foe

energía energy

enérgico energetic

énfasis emphasis

enfermedad disease, sickness

enfermo sick, ill

enfrentarse to confront, face

engendrar to engender

engrandecer to enlarge, magnify, exalt

enojado angry

enojarse to get angry

enorgullecerse to be proud, boast

entronizar to enthrone, promote; **entronizarse** to be enthroned, seize power

entusiasmo enthusiasm

enviado envoy, sent

enviar to send

envío sending, shipment

envolver to involve, circle, wrap

envuelto involved, encircled

épico epic, heroic; **poemas épicos** epic poems

epidemia epidemic

epígono (in philosophy or literature) late follower of a school or trend

episodio episode

epíteto epithet

época epoch

equilibrio balance

equipado equipped, fitted

equipo outfit, team

equitación horsemanship

equivaler to be equivalent

equivocado mistaken

era era, age, period

ermita hermitage

error error, mistake
erudito scholarly, erudite
erudición learning, erudition
esbelto graceful, slender
escala ladder, scale; **escala de valores** grading of values; **hacer escala** to call at a seaport; to stop over
escandinavo Scandinavian
enorme *mf.* enormous
enriquecer to enrich; **enriquecerse** to get rich
enriquecido enriched
ensayar to try
ensayista *mf.* essayist
ensayo test, essay
enseguida at once, immediately
enseña flag, standard
enseñanza teaching, education
enseñar to teach, train, show
entender to understand; **entender en** to be familiar with; **entenderse con** to get along with, agree
enteramente entirely, completely
entero whole, complete; **el mundo entero** the whole world
entidad entity, organization
entonar to entone, sing
entonces then; **en aquel entonces, por entonces** at that time
entrada entrance, arrival; **entrada de teatro** admission ticket
entrado entered; **bien entrado el año** late in the year; **entrado en años** advanced in years
entrar to enter, come in, invade
entre between, among; **entre tanto** meanwhile
entregar to deliver, surrender, hand over; **entregarse a** to devote oneself to
entremés short play, farce; **los entremeses** hors d'oeuvres
entremezclado intermingled
entrenamiento training
entrevista interview
escapar to escape, run away, flee
escaparate *m.* show window
escasez scarcity, need
escaso short, scant
escena scene, stage, episode; **poner en escena** to stage a play
escenario stage, setting
escéptico sceptic, sceptical
escisión splitting

esclavizar to enslave
escogido selected, chosen
escolar student, pupil
escribir to write
escrito written
escritor writer
escritura writing
escrupulosamente scrupulously
escuadra naval squadron
escuchar to listen
escudero esquire
escuela school; **escuela primaria** elementary school; **escuela de enseñanza media** high school; **escuelas especiales** technical schools
escultor sculptor
escultórico sculptural
escultura sculpture
esencial *mf.* essential
esencialmente essentially
esfuerzo effort, stress
eslavo Slavic
esmerado careful
esmero care
espada sword
español Spanish, Spaniard; **lengua española** Spanish language
Española (La); Hispaniola (Haiti and Santo Domingo)
esparcido spread out, scattered
especial *mf.* special; **en especial** especially
especialista *mf.* specialist
especialización specialization
especializado specialized; **obrero especializado** skilled worker
especializarse to specialize
especialmente especially
especie *f.* kind, sort, species
espectáculo show, spectacle
espectador spectator; **espectadores** (in a theatre) the audience
especulación speculation, contemplation
especular to speculate, contemplate
espera wait, delay; **en espera de** waiting for
esperanza hope, expectation
esperar to hope, expect, wait
espiral *f.* spiral
espíritu *m.* spirit, mind
espiritual *mf.* spiritual
espléndido splendid
esplendor splendor
esporádico sporadic

esquiador skier
estabilidad stability
estabilizar to stabilize
estable stable, firm; **poco estable** weak, changing
establecer establish, institute
establecimiento establishment
estación station
estadio stadium
estado state; condition; **estado de cosas** state of affairs; **estado mayor** (army) staff
Estados Unidos United States
estalactita stalactite
estallar to explode; **estallar una guerra, una revolución** to break out (a war, a revolution)
estancia stay
estandarte *m.* standard, banner
estanque *m.* pool, pond
estaño tin
estar to be; **estar para** to be about to; **estar por** to be inclined to
estepa steppe
estepario barren
esteticista *mf.* aesthetician
estético aesthetic
estilizado stylized
estilista *mf.* stylist
estilo style
estimar to esteem, think, believe
estimular to stimulate
estipular to stipulate
esto this
estrecho narrow, close; strait; **Estrecho de Gibraltar** Strait of Gibraltar
estrella star
estricto strict
estructura structure
estructurar to construct, organize
estuco stucco
estudiante *mf.* student
estudiar to study
estudio study; **altos estudios** (generally) post doctoral studies
etapa stage
etiqueta formality
europeizante partial to European ideas
europeo European
evacuar to evacuate, leave
Evangelio Gospel
evidente *mf.* evident
evitar to avoid

evolución evolution
exacerbar to exacerbate, irritate
exageradamente exaggeratedly
exagerado exaggerated
exaltación exaltation
exaltado exalted, extreme
examen examination
examinar to examine, inspect; **examinarse** to take an examination
excepción exception
excelencia excellence; **por excelencia** par excellence, in the highest degree
excelente *mf.* excellent
excepción exception
excepto except
exceso excess
excitar to excite
exclamación exclamation
excluir to exclude
exclusivamente exclusively
excluyendo excluding
exención exemption
exhibir to exhibit; **exhibirse** to be shown
exigencia exigency, requirement
exigir to exact, require
existencia existence
existente *mf.* existent
existir to exist
éxito success
expandir to expand; **expandirse** to be expanded
expansión expansion, recreation
expedición expedition
experimentado experienced
experimentar to experiment
experto expert
explicar to explain, expound
exploración exploration
explorar to explore, scout
explotación exploitation, operation
explotar to exploite, run, operate
exponente *mf.* exponent
exponer to expound
exportación exportation
exportar to export
exposición exhibition
expresión expression
expulsar to expel, drive out
expulsión expulsion
exquisito exquisite
extender to extend, spread out, stretch
extensión extent, extension
extenso extensive, vast

xix

exterior exterior, outside
externo external, outside
extraer to extract
extranjero foreign, foreigner; **viajar por el extranjero** to travel abroad
extraño foreign, strange; stranger
extraordinariamente extraordinarily
extraordinario extraordinary
extremadamente extremely, excessively
extremado extreme, excessive
extremeño from Extremadura
extremista *mf.* extremist
extremo extreme

F

fábrica factory, plant
fabricación manufacturing; **fabricación en serie** mass production
fabricar to manufacture
fabril manufacturing
fabuloso fabulous
facción faction
fácil *mf.* easy
facilidad ease, facility
facilitar to facilitate, provide
fácilmente easily
factoría factory
facultad faculty; **Facultad de Medicina** School of Medicine; **Facultad de Letras** College of Letters; **Facultad de Ciencias** College of Science; **Facultad de Derecho** Law School
faena task, toil, windup (bullfighting)
faja sash
falange *f.* falanx
falangista *mf.* falangist
falsear to misrepresent, fake
falso false
falta lack, shortage, fault; **a falta de** for want of; **hacer falta** to miss, need
faltar to be lacking, to be missing
fallecer to decease, die
fama fame, reputation
familia family
familiarizarse to become familiar, know
famoso famous
fanático fanatical
farmacéutico pharmacist, pharmaceutical
farmacia pharmacy
fascista *mf.* fascist
fascismo fascism
favor favor; **estar en favor de** to be partial, be in favor of

favorecer to favor
favorito favorite
fé *f.* faith, fidelity; **la fé católica** Catholic religion
febrero February
fecundo fecund, fertile
fecha date; **desde esa fecha** from that time
Fenicia Phoenicia
fenicio Phoenician
feo ugly
fermento ferment
Fernando Poo island on the gulf of Guinea, off the coast of Africa
feroz *mf.* ferocious
fértil *mf.* fertile
fertilísimo very fertile
ferrocarril railroad, railway
festejo feast, entertainment
festivo (día) holiday
feudalismo feudalism
fibra fiber
ficción fiction
fidelidad fidelity, faithfulness
fiel *mf.* faithful, trustworthy
fiesta feast, holiday
figura figure
figurar to figure; **figurar entre** to be among; **figurarse** to imagine
filial *mf.* filial; **filial comercial** branch
filigrana filigree
Filipinas Philippine Islands
filología philology
filosofía philosophy; **Facultad de Filosofía y Letras** College of Philosophy and Letters
filosófico philosophical
filósofo philosopher
fin end, purpose; **por fin, al fin** finally; **a fines de** at the end of
final *mf.* final, end
finalizar to finish, end
financiero financier, financial
finca property, estate
fino fine, polite
firmar to sign
firme *mf.* firm, steady
firmemente firmly, steadily
firmeza firmness
físico physicist, physical; **ciencias físicas** Physical Sciences
fisonomía physiognomy
flamenco Flemish; **canto, baile flamenco** Andalusian song and dance

Flandes Flanders
flecha arrow
flete *m.* freight
flexibilidad flexibility
flexible *mf.* flexible
flirtear to flirt
flor *f.* flower
florecer to blossom, flourish
floreciente *mf.* flourishing
florido flowery
flota fleet; **flota pesquera** fishing fleet
flotilla flotilla, small fleet
foco focus, center, light
folklórico folkloric
fonda modest hotel, inn
fondak *m.* Arabic inn
fondo bottom, background, fund; **fondos** money; **bajos fondos sociales** underworld
forestal *mf.* pertaining to a forest
forma form, shape; **de esta forma** in this way
formación formation, training
formar to form, train, educate
fortalecer to fortify, strengthen
fortaleza fortress, firmness, fortitude
fortificación fortification
fortificado fortified
fortuna fortune; **tener fortuna** to be fortunate, successful
fosfato phosphate
foso fosse, moat
fracasar to fail
fracaso failure
fraccionar to break out, split
fragmento fragment
fraile friar, monk
Francia France
francés French
franciscano Franciscan monk
franquicia franchise, exemption
frase *f.* phrase, sentence
fraternal *mf.* fraternal, brotherly
fraude *m.* fraud
frecuencia frequency; **con frecuencia** very often
frecuentar to frequent
frecuente *mf.* frequent, common
frecuentemente frequently, often
frente *m.* front; **frente** *f.* forehead; **al frente** in front; **al frente de** in charge of; **enfrente** opposite; **frente a frente** face to face; **hacer frente a** to face

fresco fresh, cool; **pintura al fresco** frescoes; **tiempo fresco** cool weather
frío cold; **tiempo frío** cold weather
frontera frontier, border
fronterizo bordering
frontón pelota court
frustración frustration
fruta fruit
frutal (árbol) fruit tree
fuego fire; **fuegos artificiales** fireworks
fuente *f.* fountain, spring, font
fuera outside, out; **estar fuera** to be out of town, absent
fuero statute; **Fuero de los españoles** Statute of the Spaniards; **Fuero del trabajo** Statute of workers
fuerte *mf.* strong, fort; **plaza fuerte** fortified city
fuerza force, strength, power; **a la fuerza, por fuerza** forcibly; **en la medida de sus fuerzas** according to his possibilities
fulgor splendor, brilliance
función duty, office, show
funcionar to function, work
funcionario public official, civil servant
fundación foundation
fundado founded
fundamento foundation, basis
fundar to found, base; **fundarse en** to base one's opinion on
fundición smelting, foundry
fundir to smelt, merge, blend
funesto fatal
furia fury
fusilado shot
fusión fusion, merging
fustigar to censure severely
fútbol football (soccer)
futbolístico pertaining to football (soccer)
futilidad futility
futuro future

G

gabinete *m.* cabinet
gaceta gazette, newspaper
galería gallery
gallego Galician
ganadería animal husbandry, raising of animals; **ganadería de toros bravos** cattle ranch for brave bulls
ganadero cattle breeder

ganado livestock
ganancia gain, profit
ganar to earn, gain, win
garantía guarantee, warranty
garganta throat, gorge
garrocha goad stick
gastar to use, spend, wear out
gasto cost, expense
gaucho Argentinian cowboy
generalidad generality; **La Generalidad de Cataluña** former autonomous government of Catalonia
generalizado generalized
generalmente generally
generar to generate
género kind, article, gender; **género de vida** kind of life; **género literario** literary genre; **los géneros** goods
generoso generous
generosamente generously
genial *mf.* inspired, brilliant, excellent
genialmente brilliantly, delightfully
genio genius, temper, disposition, character; **mal genio** bad temper
genovés Genoese
gente *f.* people; **gente baja** lower classes; **gente principal** upper classes, nobility
geografía geography
geográfico geographic, geographical
geógrafo geographer
germánico Germanic
germano German
gesta gest, exploit
gitano Gypsy
gloria glory
glorioso glorious
glosar to gloss, comment
gobernador governor
gobernante *mf.* ruler
gobernar to govern, rule, direct
gobierno government
golfo gulf; **Corriente del Golfo** Gulf Stream
golpe *m.* blow; **golpe de estado** coup d'Etat; **golpe de mano** surprise attack; **golpe mortal** death blow
gota drop, gout
gótico Gothic; **gótico florido** flamboyant Gothic
gozar to enjoy; possess
gozo joy, rejoicing
gracia grace; **gracias** thanks
gracioso graceful, gracious, witty

grado grade, degree; **en cierto grado** to a certain extent; **en alto grado** to a great extent, to a high degree; **grado universitario** university title or grade level; **grado de temperatura** degree of temperature; **de buen grado** willingly
gradualmente gradually
gráfico graphic; **revista gráfica** illustrated magazine; **artes gráficas** printing
gramática grammar
granada pomegranate
gran grande *mf.* great, big, large
grandeza greatness, bigness
granja farm
gratuitamente gratuitously, freely
gratuito gratuitous, free
grave *mf.* grave, serious; **graves quebrantos** serious losses
gregario gregarious
gremio guild, union
grey *f.* flock, congregation
griego Greek
gris *mf.* grey
grueso thick, bulky, gross
grupo group, unity
guardar to keep, guard, protect, watch
guardia guard, police; **Guardia Real** Royal Guard; **Guardia Civil** rural police; **Guardia de Asalto** riot police
guarnición garrison
gubernamental *mf.* governmental
guerra war; **guerra civil** civil war; **guerra mundial** world war
guerrero warrior, warlike
guerrilla guerrilla; **guerra de guerrillas** guerrilla warfare
guerrillero partisan, guerrilla
guitarrista *mf.* guitarist
gustar to taste, try, be pleasant, be liked
gusto taste, pleasure

H

haber to have; **hay** there is, there are; **haber que** to have to; **haber de** to be to
hábil *mf.* skilful, competent
habilidad skill
habitación room, dwelling
habitar to live in, inhabit
hábito custom, habit
habitual *mf.* usual
habitualmente usually
hablar to speak, talk
hacer to do, make; **hizo** he did, made

hacerse to become
hallar to find
harina flour
hasta until, till, even; **hasta** + *a quantity* as much as
hazaña feat, exploit
hebreo Hebrew
hecho done, made, fact; **el hecho de** the fact of
heredado inherited
heredar to inherit
heredero heir
herencia inheritance, heredity
herido wounded, hurt
hermano brother; **hermana** sister
hermoso beautiful, handsome
héroe hero
heroico heroic
herradura horseshoe; **arco de herradura** horseshoe arch
herramienta tool
herreriano style of Juan de Herrera, famous architect
heterodoxo heterodox
hidalgo minor nobleman, esquire
hierro iron
higiene *f.* hygiene
hijo son, child; **hija** daughter, child; **los hijos** the children
hilo thread, string, linen
hincapié *m.* stress; **hacer hincapié** to stress a point, be firm
hinchar to swell; **hincharse** to swell up
hipérbaton hyperbaton
hispánico Hispanic
hispanizante *mf.* fond of or related to Spain
Hispanoamérica Spanish America
hispanoamericano Spanish American
hispano-romano Spanish Roman
histólogo histologist
historia history, story
historiador historian
histórico historical, historic
hoguera bonfire
Holanda Holland
holandés Dutch
hombre man; **hombre de estado** statesman; **hombre de letras** man of letters, writer; **hombre de fama** man of repute, famous man
hombro shoulder; **llevado en hombros, conducido en hombros** carried in triumph

homenaje hommage; **prestar, rendir homenaje a** to swear allegiance to
hondo deep
honestamente honestly, properly
honestidad decency, honesty
honesto decent, honest
hora hour, time; **horas de aglomeración de tráfico** rush hours; **horas extraordinarias de trabajo** overtime work
horno kiln, oven; **altos hornos** blast furnace
hortalizas fresh vegetables, greens
hostil *mf.* hostile
hostilidad hostility
hotel hotel, villa
hotelero hotel manager
hoy today; **hoy día** nowadays; **por hoy** for the present
huaso Chilean cowboy
huelga strike
huerta orchard, irrigated region; **la Huerta Valenciana** the irrigated lands around Valencia
hueste *f.* army, group of soldiers; **las huestes** the Army
huidor fugitive
hulla coal, soft coal
humanidad humanity; **las humanidades** humanities
humanista *mf.* humanist
humano human
humilde *mf.* humble
humillación humiliation
hundido sunk, destroyed, ruined
hundir to sink

I

ibérico Iberian; **Cordillera Ibérica** mountain range in E. Spain
ibero Iberian
iberoamericano Ibero-American
idealismo idealism
idealista *mf.* idealist
idealización idealization
idealizar to idealize
identificación identification
identificar to identify
ideológico ideological, ideologic
idioma *m.* language
Ifni small region in northwestern Africa
iglesia church; **la Iglesia Católica** the Catholic Church
ignorado unknown

ignorancia ignorance

igual *mf.* equal, even; **por igual** the same way; **sin igual** matchless

igualdad equality; **igualdad de circunstancias** the same circumstances

igualmente equally, likewise

ilegal *mf.* illegal

ilustración illustration, learning; **la Ilustración** the Enlightenment

ilustrado learned, well read; **Despotismo Ilustrado** Enlightened Despotism

ilustrar to illustrate, make famous

ilustre *mf.* illustrious

imagen *f.* image, picture

imaginación imagination

imaginar to imagine

imaginativo imaginative

imitación imitation

imitar to imitate

impaciente *mf.* impatient

impedir to prevent

imperfecto imperfect

imperio empire

implantar to introduce

implícito implicit, implied

imponer to impose; **imponerse a** to dominate

impopular *mf.* unpopular

impopularidad unpopularity

importador importer

importancia importance

importante *mf.* important

importar to import

impregnado impregnated

imprenta printing shop, printing

impresión printing, print, edition, impression; **hacer impresión** to impress

impresionante *mf.* impressive

impresionismo impressionism

impresionista *mf.* impresionist

imprevisto unexpected, unforeseen

imprimir to print, to impart

improvisado improvised

imprudentemente imprudently

impuesto tax, impost; **estar impuesto** to be informed

impulsar to impel, drive

impulso impulse

inacabable *mf.* interminable

inadaptado unsuitable

inaudito extraordinary, monstrous

incapacidad inability, incapability

incapaz *mf.* unable, incapable

incendiado set on fire, burning

incendio fire

incidente incident

inclinado inclined

inclinarse to be inclined

incluir to include, inclose

inclusive inclusively

incondicional *mf.* unconditional

inconformismo disagreement

incontrolado out of control

inconveniente *mf.* inconvenient, difficulty

incorporación incorporation

incorporar to incorporate; **incorporarse a** to join

increíble *mf.* incredible

incrustado inlaid

incursión incursion, raid

independencia independence

independentista *mf.* advocate of independence

independiente *mf.* independent

independizar to emancipate, free

Indias (las) first name given to the American continent

indicar to indicate

índice index; **índice de** rate of; percent of

indiferente *mf.* indifferent

indígena *mf.* native

indio Indian, Hindu

indirectamente indirectly

indirecto indirect

indisciplinado undisciplined

indivíduo person, individual

índole *f.* disposition, temper

indudablemente certainly

industria industry

industrial *mf.* industrial, industrialist

industrializar to industrialize

inercia inertia

inesperado unexpected

inexpugnable *mf.* impregnable

infiel *mf.* infidel

infinito infinite

inflación inflation

influencia influence

influir to influence

influjo influence

influyente *mf.* influential

información information

informativo informative

ingeniería engineering

ingeniero engineer

Inglaterra England

inglés English
ingratitud ingratitude
ingresar to enter; **ingresar en** to become a member of; **ingresar dinero** to deposit money in a bank
ingreso entrance, admission
iniciación initiation
iniciador initiator
iniciar to initiate
iniciativa initiative
inimitable *mf.* inimitable
injurioso insulting, offensive
injustamente unjustly
inmediatamente immediately
inmediato immediate
inmenso immense
innegable *mf.* undeniable
innumerable *mf.* innumerable
inquieto restless, anxious
inquietud uneasiness, restlessness
Inquisición Inquisition
insaciable *mf.* insatiable
inseguro unsafe, uncertain
inspiración inspiration
inspirar to inspire
instalarse to settle, install
instante *m.* instant
instaurar to establish
institución institution
instituto institute; **instituto de enseñanza media** high school
instrucción education, instruction; **instrucción primaria** elementary education; **instrucción publica** public education
instruído educated, learned
instrumento instrument
insuficiente *mf.* insufficient
insultante *mf.* insulting, offensive
insurrecto rebel, rebellious
intacto intact
integrado integrated
intelecto intellect
intelectual *mf.* intellectual
intelectualmente intellectually
inteligencia *mf.* intelligence
inteligente *mf.* intelligent, clever
intención intention
intensidad intensity
intensificar to intensify
intenso intense
intentar to intend, try, attempt
intento intent, purpose

intercambio interchange
interés interest
interesado interested, selfish
interesante *mf.* interesting
interiormente inwardly
intermedio intermediate, intermission
internacionalista *mf.* internationalist
interno internal, inside
interpretación interpretation
interpretar to interpret
intervención intervention
intervenir to intervene, to intercede
interrumpir to interrupt
interrupción interruption
intolerante *mf.* intolerant
intriga intrigue
introducir to introduce
inútil *mf.* useless
invadir to invade
invasión invasion
invasor invader
inventado invented
inventar to invent
invernal *mf.* pertaining to winter
inversión investment, inversion
invertebrado invertebrate
investigación research, investigation; **Centro Superior de Investigaciones Científicas** High Institute for Scientific Research
investigador researcher
investigar to investigate, research
invierno winter
invitar to invite
ir to go; **irse** to go away
isla island
islamismo Islamism
istmo isthmus
Italia Italy
italiano Italian
izquierda left
izquierdista *mf.* leftist

J

jabalí *m.* boar
jaca pony, horse
jai-alai *m.* Basque handball game
Japón Japan
jardín garden
jefatura leadership, headquarters
jefe *m.* chief, head, leader
Jerez a city in Andalusia; **Jerez (wine)** sherry
jesuita *m.* jesuit

jinete *m.* horseman, rider
jornada day's journey, trip; **jornada de trabajo** hours of work
jornal salary, wages
joven *mf.* young, youngster, young man, young woman
joya jewel
joyería jewelry shop
judío Jew, Jewish
juego game, play
juez *m.* judge
jugar to play, gamble
juglar minstrel
jugoso juicy; **tierras jugosas** good agricultural lands
juicio judgement, trial; **juicio de Dios** ordeal; **juicio de residencia** investigation of a government officer after leaving his job; **juicio sumarísimo** judgement without delay, applied in case of war or serious national emergency to certain crimes
julio July
junta council, session; **Junta Nacional** National Council; **Junta Central** Central Council
juntar to join, gather together
junto united; **junto a** close, nearby
jurar to swear
justicia justice
justificación justification
justo just, right
juventud youth

K

kilo kilogram, 2.2 pounds
kilómetro kilometer (approx. 2/3 of a mile)
krausismo Krausism, a philosophical doctrine
krausista *mf.* follower of Krause, the founder of Krausism

L

la the, her, it, you; *pl.* **las**
labor *f.* labor, work
laboral *mf.* pertaining to labor; **Instituto laboral** technical high school
laborar to work
laboratorio laboratory
labrar work, carve; till, plow; **labrar la fama** to make famous
ladera slope, hillside
lado side, direction; **por su lado** for his part
ladrillo brick

lágrima tear
laico lay, laic
lamento lament
lámpara lamp, light
lana wool
lanzar to launch; **lanzarse** to throw oneself, rush
largo long; **a lo largo de** in the course of
latifundio large landed estate
latín Latin
latinizado given a Latin form or character
latino Latin
lazo bond, lasso
le him, her, you, it; *pl.* **les**
leal *mf.* loyal, faithful
leche *f.* milk
lector reader
legalmente legally
legislación legislation
legumbre *f.* vegetable, dry vegetable
lejanía distance
lejano distant
lejos far; **lejos de** far from
lengua tongue, language
lenguaje *m.* language
lento slow
letra letter, handwriting; **las letras** literature; **hombre de letras** learned man; man dedicated to literature
letrado lawyer, learned
levantarse to raise, get up, rebel
levantisco rebellious
ley *f.* law; **leyes de Indias** laws in colonial Spanish America
leyenda legend
liberación liberation
liberalismo liberalism
liberalización liberalization
liberalizar to liberalize
libertad freedom, liberty
Libia Libya
libre *mf.* free
libremente freely
libro book
lidiador fighter, bullfighter
lidiar to fight, fight bulls
liebre *f.* hare
ligado tied
ligero light, fast
lignito lignite
limitar to limit; **limitarse** to reduce oneself
límite *m.* limit. border
limítrofe *mf.* bordering

limosna alms
limpiar to clean,
limpieza cleaning, cleanliness
limpio clean
lince *m.* linx
línea line
lingüística linguistics
liquidado liquidated, liquified
lírico lyric; **poesía lírica** lyric poetry
Lisboa Lisbon
literario literary
literato writer
literatura literature
litoral *mf.* littoral, coast, shore
litúrgico liturgic, liturgical
lo the (before adjective); him, it, you; *pl.* **los**
lobo wolf
local *mf.* local; **local de espectáculos** theater, night club
localidad locality; **localidad** seat (theatre, bull ring)
lógico logic, logical
lograr to get, obtain
lucha struggle, fight
luchar to fight, struggle
luego then, later
lugar place; **en lugar de** instead of; **tener lugar** to take place
lujo luxury
lujoso luxurious
luminoso luminous, bright; **cielo luminoso** bright, sunny sky
luna moon
luteranismo Lutheranism
luz light; **luces** *pl.*: **traje de luces** bullfighter's garb

Ll

llamar to call, name; **llamarse** to be called, named
llanero plainsman, Colombian or Venezuelan cowboy from the Llanos region
llano plain, treeless plain
llanto weeping, crying
llanura plain
llave *f.* key
llegada arrival
llegar to arrive; **llegar a ser** to become
llenar to fill, satisfy
lleno full
llevar to carry, take; **llevarse** to take away; **llevarse bien con** to get along with; **llevar a cabo** to carry out

llorar to cry, weep
lluvia rain
lluvioso rainy

M

madera wood, lumber, timber
madrileño Madrilenian, native of Madrid
maestro teacher, master; **obra maestra** masterwork
magdaleniese *mf.* Magdalenian
magnífico magnificent, wonderful
Mahoma Mohammed
mahometano Mahommedan
maíz *m.* corn, maize
mal evil, badly, poorly
malestar malaise, bother
malo bad, evil
maltratado mistreated, abused
mandato mandate, order
mando command, control
manejar to manage, handle; **manejarse** to behave
manejo management, handling
manera manner, way; **de manera que** so that; **de ninguna manera** by no means
manifestación manifestation, demonstration
manifestarse to be manifest, demonstrate
manifiesto manifest; **un manifiesto** a political declaration
mano *f.* hand; **a la mano** at hand; **concentrar en sus manos** to control; **mano de obra** labor
mantener to maintain, keep; **mantenerse** to remain
mantenido maintained, sustained, kept
mantilla Spanish lace
mantón shawl; **mantón de Manila** Spanish shawl
manufactura manufactory, manufacture
manufacturar to manufacture
manufacturera manufacturing
manzana apple
mañana morning, to-morrow; **por la mañana** in the morning
máquina machine, engine; **máquina de coser** sewing machine; **máquina de escribir** typewriter; **máquina de vapor** steam engine
maquinaria machinery
mar *mf.* sea; **hacerse a la mar** to sail; **alta mar** high seas
maravilloso wonderful

marcar to mark, brand, designate

marcha march, functioning, speed; **poner en marcha** to start, launch; **en marcha** moving ahead; **marcharse** to leave, go away

marco mark, medieval Castillian currency

marfil ivory

margen *mf.* border, edge, margin

marina marine; **marina mercante** merchant marine; **marina de guerra** navy

marinero sailor

marino sailor

marisco crayfish or shellfish

marisma marsh, swamp

marítimo maritime

marqués marquis; **marquesa** marchioness

marroquí *mf.* Moroccan

Marruecos Morocco

más more, most; **más bien** rather; **más que** more than

mas but

masa mass; **masas obreras** working masses; **las masas** the masses

masculino masculine

matador killer; **matador de toros** head bullfighter

material *mf.* material, equipment

matemáticas mathematics

matémático mathematician, mathematic

materia matter, material; **materias primas** raw material

material material, equipment

materialidad materiality

matiz *m.* shade, nuance

matrícula register, registration, matriculation

matrimonio married couple

máxima maxim, principle

máximo maximum

mayo May

mayor greater, older, larger, greatest, oldest, largest; **mayor de edad** person of legal age; **venta al por mayor;** wholesale

mayoría: la mayoría the greatest part

La Meca Mecca

mecánico mechanical, mechanic, machinist; **artes mecánicas** crafts

mecanizado mechanized

media half; **temperatura media** average temperature; **altura media** average altitude; **Edad Media** Middle Ages; **enseñanza media** high school ·education; **clase media** middle class

medias stockings

mediado half; **a mediados de** about the middle of

mediano medium, average, mediocre

medicina medicine

médico doctor, physician

medida measure, step; **tomar medidas** to measure, take steps; **en la medida de** in proportion to; **en gran medida** to a great extent

medio half; mean; **en medio** in the middle; **por medio de** by means of; **por todos los medios** by all means; **medios de vida** way of living, income; **medio geográfico** habitat; **el hombre medio** the common man; **término medio** average; **arco de medio punto** semicircular arch

medir to measure

meditación meditation

Mediterráneo Mediterranean

mejor better, best; **mejor dicho** rather

mejora improvement, renovation

mejoramiento improvement

mejorar to improve, to make better, progress

mejoría improvement

memoria memory, account, record; **memorias** memoirs

mención mention; **mención especial** especial mention

mencionar to mention

mendigo beggar

menor lesser, smaller, minor, smallest, younger, youngest

menos less, fewer, least; **a lo menos** at least; **echar de menos** to miss

menosprecio underestimation, contempt

mensaje *m.* message, errand

mentalidad mentality

mente *f.* mind

menudo small, minute; **a menudo** often

mercadería commodity, merchandise

mercado market

mercantil *mf.* mercantile

mercurio mercury

merecer to deserve, merit

meridional *mf.* southener, meridional

merienda snack

merino merino sheep

mérito merit, value

mes month

meseta table land, plateau

Mesta (la) association of sheeps raisers in the Middle Ages in Spain

mestizo half cast
mesurado dignified, restrained
metáfora metaphor
metafórico metaphoric
metálico metallic
metalurgia metallurgy
metalúrgico metallurgic, metallurgist
método method
metro meter; **el metro** subway
metrópoli *f.* metropolis
metropolitano metropolitan; **el metropolitano** subway
mexicano Mexican
mezcla mixture
mezclar to mix, blend; **mezclarse con** to be mixed with
mezquita mosque; **Mezquita Mayor** Great Mosque
miedo fear; **tener miedo** to be afraid; **sin miedo** fearless
miembro member
mientras while; **mientras tanto** meanwhile
miel *f.* honey
mil thousand
milicia militia
militante *mf.* militant
militar military, military man, soldier
milla mile; **milla cuadrada** square mile
millón million
mina mine
minería mining
minero miner
minifundio very small land holding
mínimo minimum, very small, minute
ministro minister; **primer ministro** premier
minoría minority, smallest part
minucioso minute, meticulous
miramiento consideration, care
mirar to look, look at, watch; **mirar por** to look after
misa mass
miseria misery, extreme poverty
misericordia mercy, pity
misión mission, task; **misiones** church missions established for the conversion of the American Indians
mismo same, own; **él mismo** himself; **por lo mismo** for the same reason; **lo mismo** the same thing; **así mismo** likewise
misterio mystery
misterioso mysterious

místico mystic
mitad half, middle
mitología mythology
mobiliario furniture
moda fashion; **lugar de moda** fashionable place; **a la moda de** following the fashion of
modelo model
moderar to moderate, restrain
modernizar to modernize, renew
moderno modern
modesto modest, inexpensive
modificar to modify
modo way, manner, method; **a su modo** in his own way; **de modo que** so that; **de todos modos** anyhow; **de ningun modo** by no means; **en cierto modo** in a certain way
momento moment
monarca monarch, king
monarquía monarchy
monárquico monarchic, monarchist
monasterio monastery
moneda coin, currency, money
monja nun
monje monk, friar
monopolio monopoly
monótono monotonous
monseñor monsignor
montaña mountain, forest
montañoso mountainous
montar to mount; **montar a caballo** to ride a horse
monte *m.* mountain, mount, wood; **monte alto** wood, forest; **monte bajo** brushwood
monumental *mf.* monumental, impressive
moral *f.* moral, morale
moralidad morality
moralista *mf.* moralist
morir to die
morrillo nape of the neck
morisco Morisco, Moorish
moro Moor
morir to die
mortalidad mortality; **índice de mortalidad** death rate
mostrar to show
motín mutiny, uprising
motivo motive, reason; **motivo popular** popular theme
motor motor, engine
movimiento movement; **Movimiento Nacional** Spanish political coalition

mozárabe *mf.* Mozarab, Christian living in Mahommedan Spain during the Middle Ages

mucho much; **mucho tiempo** long time; **muchos** many

mudéjar *mf.* Mudejar, Mohammedan who became subject to Christian sovereigns; **arte mudéjar** Mudejar art

mueble *m.* piece of furniture

muerte *f.* death

muerto dead

muestra sample, specimen, example; **dar muestras de** show signs of

mujer woman, wife; **mujer de su casa** housewife

mulo mule

múltiple *mf.* multiple

multiplicar to multiply

multiplicidad multiplicity

multitud multitude, crowd

mundial *mf.* world-wide; **guerra mundial** world war

mundo world; **gran mundo, mundo elegante** high, distinguished society

municipio municipality

muñeca doll, wrist

muralla wall, rampart

muro wall

museo museum

música music; **música popular** popular music; **música de cámara** chamber music

musulmán Moslem

mútuamente mutually

muy very

N

nácar mother of pearl

nacer to be born

nacido born

naciente *mf.* being born; **sol naciente** rising sun

nacimiento birth, origin

nación nation, country; **Organización de las Naciones Unidas** (O.N.U.) The United Nations

nacionalidad nationality

nacionalista *mf.* nationalist

nada nothing; **la nada** nothingness

nadie nobody

napoleónico napoleonic

naranja orange

natación swimming; **piscina de natación** swimming pool

natural *mf.* natural, native, temper

naturaleza nature

naturalismo naturalism

naturalista *mf.* naturalist

naturalmente of course, naturally

naval *mf.* nautical, naval; **base naval** naval base

Navarra Navarre, province in n.e. Spain

nave *f.* ship, vessel; **nave de iglesia** church nave

navegación navigation

navegante *mf.* navigator

navegar to sail

necesariamente necessarily

necesario necessary

necesidad necessity, need

necesitar to need, lack, be in need; **necesitarse** to be needed

negar to deny; **negarse a** to refuse

negativamente negatively

negativo negative

negro black, Negro

neoclasicista *mf.* neoclasicist

neoclásico neoclassical, neoclassic

neutralidad neutrality

ni neither, nor; **ni siquiera** not even

nieto grandson

nieve snow

ningún, ninguno none, not any; **de ninguna manera** by no means; **de alguna manera** in some way

niñez childhood, infancy

niño child

nivel level; **nivel de vida** standard of living

Nobel (**premio**) Nobel prize

no no, not; **ya no** no longer; **no bien** no sooner

noble *mf.* noble, nobleman

nobleza nobility

noche *f.* night; **de noche** at night; **por la noche** at night

nómada *mf.* nomad

nombramiento appointment

nombrar to appoint, to name

nombre *m.* name

norma norm, rule, method

normal *mf.* normal; **escuela normal** normal school

normalizar to normalize, regulate

normativo normative

norte north

norteamericano North American
notable *mf.* noteworthy
notar to note, to notice
noticia information, news, notice
novela novel
novelesco novelistic, romantic
novelista *mf.* novelist
novelística pertaining to the novel, study of the novel
noveno ninth
noventa ninety
novillada minor bullfight
novillero young bullfighter
núcleo core, nucleus
nuestro our, ours
Nueva España New Spain, name given to México by the Spaniards
nueve nine
nuevo new; **de nuevo** again; **Nuevo Mundo** New World
numerar to enumerate, number
número number; **el mayor número** the majority; **sin número** countless
numeroso numerous
nunca never

O

o or
obedecer to obey
obispado bishopric
obispo bishop
objetivo objective
objeto object
obligación obligation
obligar to oblige, force, obligate
obligatorio mandatory
obra work; **obras** repairs; **obras publicas** public works; **obra de caridad** charity; **obra maestra** master work
obrar to work, proceed, operate; **obrar con rapidez** to proceed fast
obrero worker
observación observation
observar to observe, to obey
obstáculo obstacle
obstante in the way; **no obstante** however, nevertheless
obtener to obtain, get
ocasión occasion, opportunity
ocasionar to cause
occidental *mf.* occidental, western
occidente *m.* occident, west
oceano ocean

ocio leisure
octubre October
ocultamente secretly
ocupación occupation, occupancy
ocupar to occupy, keep busy
ocurrir to happen, occur
ochenta eighty
ocho eight
ochocientos eight hundred
odio hate, hatred
oeste west
ofensiva attack
oficial officer; **oficial del ejército** army officer; **oficial de complemento** reserve officer
oficina office
oficio craft, trade, office; **Santo Oficio** Inquisition
ofrecer to offer
oído hearing
oír to hear, listen
ojiva ogive, pointed arch
ojo eye
ola wave
olvidar to forget
once eleven
O.N.U. Organización de las Naciones Unidas The United Nations
operación operation
operar to operate on
opinión opinion; **opinión pública** public opinion
oponer to put up; **oponerse** to oppose
oportuno opportune
optar to choose, select; **optar por** to decide
óptico optic, optical, optician
opuesto opposite, contrary
opulento opulent
oración oration, prayer
orbe *m.* world
orden order; **orden religiosa** religious order
ordenar to order, arrange
oreja ear
organismo organism, agency
organización organization
organizar to organize
orgullo pride
oriental *mf.* Oriental, eastern
Oriente *m.* Orient, East; **Oriente Medio** Near East; **Lejano Oriente** Far East
origen origin
original *mf.* original, odd
originalidad originality, oddness

originar to originate
orilla border, margin, shore
ornamentación ornamentation
ornamentado decorated, ornamented
oro gold
orquesta orchestra
os you, to you, yourself, yourselves
oscilar to waver, hesitate
oscuro dark
oso bear
otoño fall
otorgar to grant, confer
otro other, another; **algun otro** someone else; **al otro día** on the following day; **otro tanto** the same
oveja sheep

P

paciente *mf.* patient
pacificado pacified
pacífico peaceful; **Oceano Pacífico** Pacific Ocean
pacto pact, covenant
padre father, priest; **los padres** the parents
pagado paid; **pagado de sí mismo** conceited
pagano pagan
pagar to pay
pago payment; **balanza de pagos** balance of payments
país *m.* country, land; **Paises Bajos** Low Countries
paisaje *m.* landscape
palabra word; **dar palabra** to promise
palacio palace; **palacio real** Royal Palace
paladín paladin, defender
paleolítico paleolithic
Palos seaport in s. Spain
pantalón trousers
pantanoso swampy
Papa *m.* Pope
papagayo parrot
papel paper, role; **hacer el papel** to play the role
para to, for; **para que** in order to
paradoja paradox
parador inn
paraíso Paradise, top gallery in a theater
paralelo parallel
paralizar to paralyze
parar to stop; **sin parar** without respite; **pararse** to stop; **pararse en** to pay attention

parecer to appear, to seem; **parecerse** to look like; **pareceres** opinions; **al parecer** apparently
parecido similar, alike
pared wall
pareja pair; **correr parejas** be equal
pariente *mf.* relative
parlamentario parliamentary
Parlamento Parliament
paro work stoppage; **paro forzoso** unemployment; **paro obrero** unemployment, strike
parque *m.* park, garden
párrafo paragraph
parroquia parish
parte *f.* part, share; **aparte de** apart from; **en ninguna parte** nowhere; **por todas partes** everywhere; **la mayor parte** the majority **por otra parte** on the other hand; **tomar parte** to take part; **el parte** *m.* dispatch
participación participation, notification
participante *mf.* the one who takes part
participar to notify, take part
particularmente particularly, especially
partidario partisan, supporter
partido political party; **tomar partido** to take a stand
partir to divide, share, leave; **a partir de** beginning with
pasado past; **el pasado** the past
pasajero passenger, passing
pasar to pass, happen, go through; **pasarse** to go over, beyond;
pasatiempo pastime
pasear to walk, take a walk, go for a ride
paseo walk, promenade; **dar un paseo** to take a walk
pasión passion
paso step, pace; **al paso de los años** through the years; **a cado paso** every moment; **abrirse paso** to force one's way; **paso religioso** sculpture in a procession
pasta paste, pulp; **pastas** cookies, noodles, spaghetti
pastar to graze
pasto pasture; **a todo pasto** without restriction
pastor shepherd
pastoreo shepherding
pastoril *mf.* pastoral
patata potato

patente *f.* patent, evident

patio court, yard

patria fatherland

patriótico patriotic

patrocinado sponsored

patronato foundation; **Patronato Nacional de Turismo** National Office for the Development of Tourism

patrono, patrón patron, protector, employer; **santo patrón** or **patrono**; saint protector of a city or guild

patrulla patrol

paz peace

peculiaridad peculiarity

pedagógico pedagogic, pedagogical

pedantería pedantry

pedido request, order

pedir to ask, ask for, demand

peineta back comb

película film

peligro danger

peligroso dangerous

pelota ball

pena punishment, penalty, sorrow; **pena de muerte** death penalty; **a penas** hardly, scarcely; **valer la pena** to be worthwhile

penal penitentiary, jail; **población penal** people in jail

penetrar to pierce, grasp, penetrate

pensador thinker, philosopher

pensamiento thought, idea

pensar to think, think of, intend

pensionado pensioner, fellow, one who has been given a grant by a school or learned institution

pensionar to pension, give grants, give fellowships

peón laborer; in a bull fight the fighter who helps the matador

peor worse, worst

pequeño small, little; **pequeñísimo** very small; **el pequeño, los pequeños** child, children

pequeñuelos small children

percusión percussion

perder to lose, waste; **perder el tren, el barco** to miss the train, the boat; **perder la oportunidad** to miss the opportunity; **perderse** to get lost, become ruined; **echarse a perder** to spoil

pérdida loss, waste

perdiz partridge

peregrino pilgrim

perezoso lazy

perfección perfection

perfeccionar to improve, perfect

perfectamente perfectly

perfecto perfect

periódico periodical, newspaper

periodismo journalism

período period

permanecer to remain, stay

permitir to allow, permit

pero but

perpétuo perpetual

persecución persecution, pursuit

perseguido persecuted

persistir to persist

persona person

personaje *m.* personage, character

personal *mf.* personal, *m.* personnel

personalidad personality

personificar to personify

pertenecer to belong, pertain

perteneciente *mf.* pertaining, belonging

peruano Peruvian

pesado heavy, clumsy, dull; **industria pesada** heavy industry

pesar to weigh; **un pesar** sorrow, regret; **a pesar de** in spite of

pesca fishing; **pesca de altura** deep sea fishing

pescado fish

pescador fisher

pese, pese a in spite of

pesimismo pessimism

petróleo petroleum, oil

pez *m.* fish

piadoso pious, devout

pica pike; **pica para toros** goad

picador mounted bullfighter with a goad

picaresco picaresque, roguish, witty

pícaro rogue, rascal

pie *m.* foot; **a pie** on foot; **de pie** standing; **pie de guerra** war footing

piedra stone, rock; **Edad de Piedra** Stone Age

pieza piece; **pieza teatral** play; **pieza de música** tune

piloto pilot

pintar to paint, depict, describe

pintor painter

pintoresco picturesque

pintura painting, paint; **pintura al óleo** oil painting

pirata *m.* pirate

Pirineos Pyrenees

pirita pyrites

piso story, apartment, floor; **piso bajo** ground floor

placer pleasure

plan plan, project; **plan de estudios** curriculum

planeta *m.* planet

plano level, even, plane; **sombrero plano** Andalusian hat

planta plant; **planta industrial** industrial plant

plantación plantation

plástico plastic; **artes plásticas** sculpture, painting

plata silver; **Río de la Plata** River Plate

plátano plantain, banana

plateresco plateresque

platero silversmith

platicar to talk over, discuss, talk

plato plate, dish, course; **plato fuerte** main dish

playa beach

plaza square, market; **plaza fuerte** fortified city; **plaza de toros** bull ring; **plaza mayor** main square

plebeyo plebeian

plenamente fully

pleno full

plomo lead

pneumático tire

población population, village, city; **calles de la población** city or town streets

poblado populated, settlement, town

poblador founder, settler

poblar to populate, settle, colonize

pobre *mf.* poor

pobremente poorly

pobreza poverty

poco little; **pocos** few; **un poco** a little; **poco a poco** little by little; **por si fuese poco** in case it were not enough

poder may, can, be able; **el poder** power, strength

poderío power, might

poderoso powerful, mighty

poema *m.* poem

poesía poetry

poeta *m.* poet

policía *f.* police force; **policía armada** riot police; **policía** *m.* policeman

policíaco pertaining to the police

política politics, policy

político statesman, politician

poner to put, lay, set; **poner en claro** to explain; **ponerse a** to begin to; **ponerse enfermo** to get sick

pontífice *m.* pontifex; **el Sumo Pontifice** the Pope

popularidad popularity

popularizado popularized, well known

por by, through, for, in order to, because; **estar por hacer** still to be made; **estar para** to be about to

porcentaje *m.* percent

porque because, in order that; **por qué** why

portada portal, title page of a book

portarse to behave

portugués Portuguese

posada inn

poseer to own, possess

posibilidad possibility

posibilitar to make possible

posible possible; **ser posible** to be possible

posición position, standing

postal *mf.* postal; **comunicación postal** mail

postguerra post war

postre *m.* dessert

postura posture, attitude

potasa potash

potencia power

potencial potential

práctica practice, skill; **poner en práctica** to do, make

prácticamente practically

practicar to practice; **practicar la religión** to be devout

pradera prairie, meadow

prado meadow, pasture; **El Prado** a promenade in Madrid; **Museo del Prado** Prado Museum in Madrid

precedente *mf.* precedent

precepto precept; **día de precepto** religious holiday

preciado esteemed, valued

precio price, value

precipitar to precipitate; **precipitarse** to rush

precisión precission, obligation

precursor forerunner, precursor

predecesor predecessor, ancestor
predecir to predict, foretell
predicador preacher
predicar to preach
predilecto preferred
predominante *mf.* predominant
predominar to predominate, stand out
preferencia preference; **de preferencia** preferably
preferir to prefer
prefijado prefixed
prehistoria prehistory
prejuicio prejudice
prematuro premature
premio reward, prize; **premio Nobel** Nobel prize
prensa press, newspapers
preocupación preoccupation, worry
preocupado preoccupied, worried
preocuparse to be preoccupied, worry
preparación preparation
preparado prepared; **estar preparado** to be ready
preponderancia preponderance
preponderantemente preponderantly
presbiterianismo Presbiterianism
prescribir to prescribe
presencia presence; **presencia de ánimo** courage
presencial *mf.* in person; **testigo presencial** actual witness
presentar to present, introduce; **presentar la dimisión** to resign
presente present; **el presente** the present times
presidente *m.* president
presidir to preside
presión pressure
preso prisoner, imprisoned; **preso político** political prisoner
prestación service; **prestaciones sociales** social services
préstamo loan
prestar to loan; **prestar oído** to give ear; **prestar el servicio militar** to be drafted; **prestarse a** to be willing; **pedir prestado** to borrow
prestigio prestige
presupuesto budget
pretender to pretend, try to
pretendiente *mf.* pretender
primo cousin; **materias primas** raw materials

primado primate; **el Primado** the Primate Archbishop
primario primary; **escuela primaria** elementary school
primavera spring
primer, primero first; **el primero** the former
primitivo primitive
princesa princess
principado principality
principalmente above all, mainly
príncipe prince
principio beginning, principle; **en principio** in principle; **al principio** at the beginning
prisión jail
prisionero prisoner
privado private, favorite
privar to deprive
privilegiado privileged
privilegio privilege
probablemente probably
problema *m.* problem
procedencia origin, source
proceder to proceed, to originate; **el proceder** the conduct, behavior
procesión parade, procession
proceso process; **proceso de doblaje** dubbing technique
proclamar to proclaim
procurador solicitor; **procurador en las Cortes** member of Parliament
procurar to try, obtain
prodigioso prodigious
producción production, produce; **producción en serie** mass production
producir to produce, yield, cause
productivo productive, fertile
producto product; **productos alimenticios** foodstuffs
produjo he produced (from **producir**)
profesar to profess
profesión profession, job
profesional *mf.* professional
profesor professor
profiláctico prophylactic
profundo deep, profound
programa *m.* program
progresista *mf.* progressive
progresivo progressive
progreso progress
prohibir to forbid, prohibit
proletario proletarian

prolongar to extend
promesa promise
prometer to promise
promover to promote
promulgar to promulgate, proclaim
pronto soon, right away; **estar pronto a** to be ready to; **de pronto** suddenly; **tan pronto como** as soon as
propagación propagation
propagar to spread, extent, propagate
propiamente properly
propicio propitious
propiedad property, ownership
propietario owner, landlord, proprietor
propio proper, suitable, characteristic; **a sí propio** to himself
proponer to propose, to name a candidate; **proponerse** to intend, be willing to do, have a project
proporción proportion, opportunity
proporcionalmente proportionally
proporcionar to furnish, give, supply
propósito purpose, end; **a propósito** by the way; **de propósito** on purpose
prosa prose
proseguir to proceed, continue
prosperar to prosper
prosperidad prosperity
próspero prosperous
protagonista *mf.* protagonist, hero, main character
protectorado protectorate
proteger to protect
protesta protest
protestante *mf.* Protestant
provenir to originate, come from
provenzal *mf.* Provençal
provincia province
provincial *mf.* provincial; **Diputación Provincial** Provincial Parliament
provincianismo provincialism
provinciano provincial
provisional *mf.* temporary, provisional
provisto supplied
provocar to provoke, incite, tempt
próximo near, next, close; **el próximo año** next year
proyectar to project
proyecto project, plan
prueba proof, test; **poner a prueba** to test, try
psicológico psychological
xxxvi **publicación** publication

publicar to publish
público public, audience
pueblecito little village, hamlet
pueblo town, village; **el pueblo** the common people; **el pueblo español** the Spanish nation, the Spanish people
puente *m.* bridge; **puente colgante** suspension bridge
puerto port, seaport, harbor, mountain pass
puesto placed, put; **el puesto** the stand, position, place; **tener un puesto** to have a job, position; **puesto que** since; **puesta de sol** sunset
pujanza might, vigor
pulgada inch
púnico Punic, Carthaginian
punta point, tip; **punta de lanza** spearhead
puntal prop, backing
punto point, dot; **punto de vista** point of view, opinion; **hasta el punto** to the extent; **a punto que** just when
pupila pupil
puramente purely
pureza purity
purificación purification
puro pure

Q

quebrantar to break
quebranto heavy loss
quedar (se) to remain, stay; **quedarle a uno** to have left; **quedar en** to agree; **quedarse con** to keep
quehacer task, chore
quejarse to complain
quemar to burn, set on fire
querer to wish, want, like, love
quien, quienes who; **a quien** to whom; **de quien** whose; **¿quién?, ¿quiénes?** who? **quienquiera** whoever
química chemistry
quince fifteen
quinientos five hundred
quinto fifth, fifth part
quitar to remove, take away

R

racional *mf.* rational
racionalista *mf.* rationalist
radiar to broadcast, irradiate

radicalismo radicalism
radio radio, radium
raíz root
rama branch
rápidamente quickly
rapidez rapidity, quickness
rápido rapid, quick, **tren rápido** express
raramente rarely, seldom
rasgo trait, characteristic
ratificar to ratify
rato short time; **pasar el rato** to spend the time
raza race, breed
razón reason, cause, right; **tener razón** to be right; **no tener razón** to be wrong
reacción reaction; **aviones a reacción** jets
reaccionar to react
reaccionario reactionary
reafirmar to state again, be firm
real *mf.* royal
realidad reality, truth; **en realidad** really
realismo realism
realista *mf.* realist, royalist
realizar to carry out, fulfill, accomplish
rebajar to lower, reduce; **rebajarse** to stoop
rebelarse to revolt, rebel
rebelde *mf.* rebellious, rebel
rebelión rebellion, revolt
recibir to receive, welcome
recién recently, just
reciente *mf.* recent
recinto area, precinct
recitado recited
reclamado claimed
recobrar to recover
recoger to collect, gather, pick up
recompensar to reward, recompense
reconciliación reconciliation
reconciliarse to reconcile, be reconciled
reconocer to recognize, acknowledge
reconquista *f.* reconquest
reconstrucción reconstruction
recordar to remember, remind, quote
recorrer to go over, go through
recortado cutout; **costas recortadas** sharp shoreline
recreo recreation, leisure
recuerdo souvenir, remembrance, memento
recuperar to recuperate, recover
recurrir to resort, have recourse
recurso resource; **recurso económico** economic means

rechazar to repel, reject, drive back
red net, network; **red de ferrocarriles, de carreteras** railroad system, road system
redactar to write up, edit
redondo round; **a la redonda** around
reducción reduction; **Reducciones del Paraguay** Jesuit missions in Paraguay
reducido reduced, diminished; **precios reducidos** cheaper prices
reducir to reduce, diminish; **reducirse** to be reduced, confine oneself
reemplazar to replace, substitute
referente referring
referido referred; **el referido** the above said
referir to refer, tell, narrate; **referirse a** to refer to
refinado refined, distinguished
refinamiento refinement, distinction
reflejar to reflect; **reflejarse** to be reflected
reforma reform; **La Reforma** the Reformation
reformador reformer
reformar to reform; reorganize; **reformarse** to reform oneself
refuerzo reinforcement
refugiarse to take refuge, shelter
refugio shelter
regalo gift, present
regar to irrigate
regata regatta, boat race
regencia regency
regente *mf.* regent
régimen regime, system
región region
regir to rule; **regirse** to be ruled, governed
registrado registered, recorded
regla rule, order; **por regla general** as a general rule
regresar to return, come back
regreso return
regular *mf.* regular, steady
regularidad regularity
regularizar to regularize, regulate
regularmente regularly
reina queen
reinado reign
reinar to reign
reino kingdom
reintroducir to reintroduce
reir to laugh; **reirse de** to laugh at
rejoneador mounted bullfighter
relación relation, report; **en, con relación a** referring to

relacionado related, acquainted
relatar to tell, relate, report
relativamente relatively, comparatively
relativo relative
relato story, tale, report
relieve *m.* relief; **poner de relieve** to emphasize; **mayor relieve** greater importance; **relieve geográfico** geografical features
religioso religious, friar; **colegio de religiosos** nuns or friars school
rematado finished, ended
remediar to remedy, help
remedio remedy, recourse, help; **no tener remedio** cannot be helped
remo oar; **navegar a remo** to row
remolacha beet; **azúcar de remolacha** beet sugar
remontarse to go back in time
remoto remote, far away
remunerado remunerated
renacentista *mf.* pertaining to Renaissance
Renacimiento Renaissance
rendimiento yield, submission
rendirse to surrender, submit, yield
renovación renovation, renewal
renta rent, income; **renta nacional** gross national product; **renta por cabeza** per capita income
renuncia resignation, renunciation
renunciar to renounce, resign
repartirse to distribute, share, split
reparto distribution, assessment
repeler to repulse, repel
repercutir to rebound, to have a repercussion
repetición repetition
réplica answer, retort; **obedecer sin réplica** obey automatically
repoblación repopulation
representación representation; **representación teatral** performance
representante *mf.* representative
representar to represent, perform, play, appear to be
representativo typical, representative
represión repression
represivo repressive
reprimir to repress
reproducir to reproduce
república republic
xxxviii **republicano** republican

requerir to require, request, notify
requeté traditionalist soldier during the Spanish Civil War
resaltar to project, stand out
rescatar to redeem, rescue, ransom
resentir to resent, to be resentful
reseñar to review; **reseñarse** to make sure
reserva reserve, reservation; **reserva de moneda** currency assets; **reservas militares** army reserve; **oficial de reserva** reserve officer; **reserva de animales** animal reservation
reservado secretive, reserved, private
reservar to reserve; **reservar un secreto** to keep a secret
residencia residence, dwelling
residente *mf.* resident
residir to reside, to live in
resignarse to resign oneself
resistencia resistence
resistir to resist; **resistirse a** to refuse to
resolver to solve, to decide; **resolverse a** to be resolved to
respectivamente respectively
respectivo respective
respecto respect, reference; **respecto a** with regard to
respetar to respect
responder to answer, respond
responsabilidad responsibility
responsable *mf.* responsible
restablecer to reestablish, restore; **restablecerse** to recover
restablecimiento reestabishment, restoration, recovery
restante *mf.* remaining, left
restauración restoration
restaurante *m.* restaurant
restaurar to restore
resto remainder, rest; **los restos** the remains
restricción restriction
resultado result
resultar to result
resumir, resumirse to summarize
resurgimiento resurgence
resurgir to resurge
retaguardia rear guard, home front
retener to retain
retirarse to withdraw, retire
retórica rhetoric
retraído shy, reserved
retratar to photograph, portray

retrato portrait
reunir to unite, gather together, reunite
reunión meeting, gathering
reválida (examen de reválida) examination for a degree
revelarse to reveal, clarify
revista review, magazine; **revista gráfica** illustrated magazine
revolución revolution
revolucionario revolutionary
revuelta revolt, rebellion, riot
rey king
Reyes Católicos Catholic Kings (Ferdinand and Isabella)
rezar to pray
rico rich, wealthy
riego irrigation
rienda rein; **a rienda suelta** without restriction
riesgo risk, danger
rifeño Riffian
Rif mountainous region in n. Morocco
rigor rigor, severity
riguroso severe; **invierno riguroso** severe winter
río river, stream
riqueza richness, wealth
riquísimo extremely wealthy
ritmo rhythm
rocío dew
rodeado surrounded
rodilla knee
rojo red
Roma Rome
romance *m.* ballad
romancero collection of ballads
románico romanesque
romanización romanization
romano Roman
romanticismo Romantic movement, romanticism
romántico romantic
romería pilgrimage, gathering at a holy place
romero rosemary, pilgrim
rueda wheel, circle, ring
ruidoso noisy
ruina ruin; **en ruinas** ruined
ruiseñor nightingale
rumbo direction, course; **con rumbo a** bound for
rural *mf.* rural
Rusia Russia

ruso Russian
rústico coarse, rustic
ruta route; **ruta turística** tourist itinerary
rutinario fond of routine

S

sábado Saturday
sabedor informed, learned, wise (in old Spanish)
saber to know; **el saber** knowledge, learning
sabio wise, learned
sabotaje *m.* sabotage
sacerdote *m.* priest
sacrificar to sacrifice
saeta arrow, sacred song in Holy Week
sagrado sacred
sainete *m.* play, farce
sal *f.* salt
sala sitting room, reception room, hall; **sala de cine** movie theater
salario salary, wages
sálico Salic (relating to the Salic Franks); **ley sálica** a law according to which no woman could inherit the throne
salida exit, outlet, way out; **salida del sol** sunrise
salir to go out, come out, leave
salto leap, jump, waterfall
salud health
salvaje *mf.* savage
salvar to save, salvage
salvedad qualification, exception
salvo except; **estar a salvo** to be safe
salutación greeting
sangriento bloody
sanidad sanitation; **servicio de Sanidad Pública** Public Health Service
Santiago Saint James, patron saint of Spain; **Santiago de Galicia** city in Galicia; **Santiago de Cuba** city in Cuba
santo saint, holy
Santo Oficio Holy Office, Inquisition
santuario shrine
sardina sardine
sátira satire
satírico satiric, satirical
satirista *mf.* satirist
satirizar to satirize
satisfacer to satisfy
satisfecho satisfied, conceited
se *refl. pron.* himself, herself, itself, yourself, yourselves, oneself, each other; *pers. pron.* to him, to her, to it, to you, to them

seco dry, arid

secretario secretary

secreto secret; **policía secreta** secret police

secta sect, religious sect

secundado seconded, followed

secundario secondary; **escuela secundaria** high school

sed thirst

seda silk

sede see, headquarters; **Santa Sede** Holy See; **con sede en** with headquarters in

sedimento sediment

seducir to captivate, seduce; **sedujo** he captivated

sefardí *mf.* Sephardic, Jew of Spanish origin

seguido successive, followed; **seguido de** followed by; **enseguida** at once

seguidor follower; **seguidor de una religión** member of a religion

seguir to continue, follow

según *adv.* depending on; *prep.* according to; *conj.* as; **eso según** that depends

segundo second; **sin segundo** excellent

seguridad security, safety; **seguridad social** Social Security

seguro secure, sure, safe; **estar seguro** to be sure, safe; **el seguro** the insurance; **seguro médico** medical insurance

seis six

seleccionado chosen, selected

selecto select

sello seal, stamp

semana week; **Semana Santa** Holy Week

semanario weekly publication

semblanza sketch, similitude

semejante *mf.* like, similar; **nuestros semejantes** our fellow men; **semejante a** similar to

semejanza similarity, likeness; **a semejanza de** as

semi-independiente *mf.* semi-independent

seminario seminary, seminar

sencillez simplicity

sencillo simple, unaffected

senda path, way

sensación feeling, sensation

sensibilidad sensibility, sensitivity

sensualidad sensuality

sentarse to sit, sit down

sentido felt, experienced, sense; **buen sentido** good judgement; **doble sentido** double meaning; **en tal sentido** in that sense; **cosas sin sentido** meaningless things

sentimiento sentiment, feeling, sorrow

sentir to feel; **sentirse** to feel oneself, have a feeling

señalado noted; **señalado por** known, noted by

señalar to mark, indicate, point at

señor lord, master; **señor feudal** feudal lord; **ser un gran señor** to be a very distinguished, very generous man; **Nuestro Señor, el Señor** the Lord

señora lady; **Nuestra Señora** Our Lady

señorío dominion, mastery, nobility; **el señorío** the gentry

separación separation

separado separate, separated

separar to separate

separatista *mf.* separatist

septentrional *mf.* northern

septiembre September

sepulcro tomb, sepulcher

sequedad dryness, drought

ser to be, being; **es decir** that is to say; **ser humano** human being

serenidad serenity

serie series

serio serious, reliable, severe

servicio service; **servicio público** public service; **servicio militar** military service

servidor servant

servidumbre servitude, serfdom, servants

servilmente servilely, basely

servir to serve, help; **servir de** to serve as; **no servir para nada** to be good for nothing; **servirse de** to make use of; **servir en el ejército** to serve in the army

sesión session, sitting; **sesión de cine** movie showing

seudónimo pseudonym

severo severe, strict; **severísimo** very strict, very severe

sevillano Sevillian

sexto sixth

si if, whether

sí yes, indeed; **sí** *pron. reflex.* himself, herself, yourself, themselves, yourselves, oneself

Sicilia Sicily

sierra mountain, range

siesta siesta; **echar la siesta** to take a nap after lunch

siete seven

siglo century; **Siglo de Oro** Golden Age

significar to mean, signify

signo sign, mark

siguiente *mf.* next, following

silencio silence

silvestre *mf.* wild; **animal silvestre** wild animal

silla chair, saddle; **animal de silla** horse, mule

simbólicamente symbolically

simbólico symbolic, symbolical

símbolo symbol

simpatía congeniality, sympathy

simultáneamente simultaneously

sin without **sin embargo** notwithstanding, nevertheless

sinceramente sincerely

sincero sincere

sindicato union, guild

sinfónico symphonic; **orquesta sinfónica** symphonic orchestra

sino but, except

sinónimo synonym, synonymous

sirviente *mf.* servant

siquiera at least; **ni siquiera** not even

sirio Syrian

sistema system

sitiar to siege, besiege

sitio place; **sitio** siege (in war)

situación situation, location

situar to locate, place; **situarse** to take a position

soberano sovereign, ruler, king

soberbia pride, arrogance

soberbio haughty, arrogant, superb

sobrante *mf.* leftover, surplus

sobre on, over, above

sobrenombre *m.* nickname, surname

sobrepasar to surpass, excel

sobresaliente *mf.* excellent

sobresalir to excel, project

sobrina niece

sobrino nephew

socialista *mf.* socialist

sociedad society

sol *m.* sun, sunlight

solamente only

solaz *m.* pleasure, recreation

soldado soldier

soleado sunny

solemne *mf.* solemn

solemnidad solemnity

soler to be accustomed to

sólido solid, firm

solo only, alone

sólo only; **tan sólo** only; **no sólo . . . sino** not only . . . but

solución solution

solucionar to solve

sombra shade

sombrero hat

someter to subdue, subject; **someterse** to surrender; **someterse a juicio** submit to the judgement

sometido subdued, subjected, submissive

soneto sonnet

sorprendente *mf.* surprising, extraordinary

sorprender to surprise, discover

sorpresa surprise; **por sorpresa** by surprise

sostener to support, maintain

suave *mf.* soft, mild, smooth

súbdito subject

subida rise, ascent

subir to raise, increase

súbitamente suddenly

sublevado revolted

sublevación revolt, uprising

sublevar to prepare a rebellion; **sublevarse** to revolt

subordinado subordinate

subordinar to subordinate

subsiguiente *mf.* subsequent

subterráneo underground

suburbio suburb

subvencionado subventioned

suceder to happen, follow, succeed

sucesión succession

sucesivo successive; **en lo sucesivo** in the future

sucesor successor, heir

suculento succulent

sueldo pay, salary

suelo ground, land, soil

suelto free, loose, easy; **dar suelta a** to loosen; **dar rienda suelta** to lose control

sueño dream, sleep; **sueño realizado** dream come true

suerte luck, fate, chance; **tener suerte** to be lucky; **de suerte que** so that; **por suerte** luckily; **la misma suerte** the same fate

suevo Swabian; from Swabia, a region in Germany

suficiente enough, sufficient, adequate

suficientemente sufficiently

sufrido suffered, long suffering

sufrir to suffer, support; **sufrir un examen** to take an examination

Suiza Switzerland

suizo Swiss

sujetar to subdue, subject

sujeto subject, subdued; **quedar sujeto** to be subject; **mantener sujeto** to keep subdued

suma addition, extreme; **en suma** in short; **la suma** the summary

sumamente extremely

sumar to add, sum up; **sumarse** to adhere

sumarísimo swift; **juicio sumarísimo** military indictment in time of war or rebellion

sumisión submission

sumo extreme, high; **a lo sumo** at the most; **en sumo grado** exceedingly

suntuoso sumptuous

superar to surpass, excel, overcome

superficie *f*. surface, area; **tráfico de superficie** surface traffic

superioridad superiority

superrealismo surrealism

supersticioso superstitious

supervisar to supervise, superintend

suponer to guess, suppose, imply

supremacía supremacy

supremo supreme; **Tribunal Supremo** Supreme Court of Justice

supresión suppression

suprimir to suppress, eliminate

supuesto supposed, assumed; **por supuesto** of course

sur south

sureste southeast

surgir to arise, appear

suroeste southwest

surtidor jet, fountain

sustituir to substitute, replace

T

tabaco tobacco

tal such, such a; **tal vez** perhaps, maybe; **con tal que** provided; **tal como** just as

talento talent

también also, too

tampoco neither, not either

tan, tanto so much, as much; **tantos** so many, as many; **tanto tiempo** so much time; **en tanto** meanwhile; **por lo tanto** therefore, **tan ... como, tanto ... como** as, as much .... as; **tanto más cuanto que** all the more because; **estar al tanto** to be informed

tapado covered, hidden

tapiz *m*. tapestry

tardar to be long, to be late

tarde late, afternoon, evening; **de tarde en tarde** from time to time; **tarde o temprano** sooner or later; **por la tarde** in the afternoon; **última hora de la tarde** late in the afternoon, in the evening

tardío late, delayed

tarea task, chore

tarifa tariff, rate, fare

tartesio Tartesian

teatral *mf*. theatrical

teatro theater

técnica technique; **los técnicos** the technicians

techo ceiling, roof

tejer to weave

tejido textile, fabric

teléfono telephone

telégrafo telegraph

tema *m*. theme, subject

tembloroso shaking, tremulous

temer to fear, be afraid

temerario bold, reckless

temperamento temperament

temperatura temperature, weather

tempestad tempest, storm

templado temperate, mild; **clima templado** mild weather

templo temple, church

temporada season; **temporada de ópera** opera season

temporal *mf*. temporary, temporal; **el temporal** spell of bad weather, tempest

temporalmente temporarily, temporally

tendencia trend, tendency

tener to have, own, possess; **tener que** to have to

teniente *m*. lieutenant

tenis *m*. tennis; **pista de tenis** tennis court

teológico theological

teoría theory

teóricamente theoretically

tercer, tercero third; **tercera parte** third part

tercio third; **los tercios** military units in the sixteenth and seventeenth centuries; **Tercio de Extranjeros** Foreign Legion

terminación termination, ending

terminar to finish, end

término end, limit, term; **término medio** average; **en primer término** first, in the foreground; **en último término** in the end, in the background

termómetro thermometer

terraza terrace, veranda; **terraza de café** sidewalk café

terrenal *mf.* terrestrial; **paraíso terrenal** earthly paradise

terreno ground, land, soil; **en todos los terrenos** in every aspect; **perder terreno** to lose ground

terrestre *mf.* terrestrial

territorio territory, country

tertulia social gathering for conversation or entertainment

testamento testament, will

testigo witness

textil *mf.* textile

texto text

tiempo time, weather; **a tiempo** on time, in time; **al mismo tiempo** at the same time; **perder el tiempo** to waste time; **buen tiempo, mal tiempo** good weather, bad weather

tienda shop, store, tent

tienta contest to select brave bulls for the bullfights

tierra earth, land, country, ground

tigre *m.* tiger

típico typical

tipo type, model, shape

tirador shooter, good shot

tirar to throw away, cast, shoot, fire, print

tiro shot; **caballo de tiro** drawing horse; **a tiro de** within range of

Tiro Tyre, city in Phoenicia

título title, diploma, university degree; **a título de** as a

tocado hairdo

tocar to touch, play, ring, knock; **tocar en un puerto** to call at a port; **tocarle a** to fall to the lot of; **por lo que toca, tocante a** with regard to; **tocar música** to play music

todavía still, yet

todo all, every; **todo cuanto** all that; **todos cuantos** all those who; **todo el mundo** everybody; **ante todo** in the first place; **con todo** still, however; **sobre todo** above all

tolerancia tolerance

tolerante *mf.* tolerant

tolerar to tolerate

toma taking, capture

tomar to take, seize, capture, get

tonelada ton

tónica way, manner

tono tone; **dar un tono** to give a quality; **darse tono** to put on airs

torear to fight bulls

toreo bullfighting

torero bullfighter

torneo tourney, tournament

torno turn; **en torno a** around

toro bull; **toro de lidia, toro bravo** fighting bull; **corrida de toros** bullfight

torre *f.* tower; **torre del homenaje** dungeon (in a castle); **torre de muralla** lookout tower; **torre de marfil** ivory tower

total *mf.* total; **en total** in all

totalidad totality

totalitario totalitarian

totalmente totally

traba obstacle

trabajador worker, industrious, hard-working

trabajar to work

trabajo work, labor; **trabajos** hardships; **pasar trabajos** to have a hard time

tradición tradition

tradicional *mf.* traditional

tradicionalista *mf.* traditionalist

traducir to translate, change

traer to bring, carry, wear

tráfico traffic

trágico tragic

traición treason

traje *m.* dress, costume, suit; **traje de etiqueta** full dress, evening dress; **traje de luces** bullfighter's garb

trance *m.* critical moment; **en trance de** in the act of; **a todo trance** at any cost

tranquilidad tranquillity, calm

tranquilo tranquil, calm

transatlántico transatlantic

transcendencia transcendence

transcendente *mf.* transcendent

transcurrir to pass, elapse

transformación transformation

transformar to transform

transmitir to transmit

transparente *mf.* transparent, translucent

transportar to transport

transporte *m.* transport, transportation

tranvía *m.* streetcar, trolley car

tras after, behind

trasnochar to keep late hours, go to bed very late

trastorno upset, disturbance

tratado treatise, agreement, treaty

tratar to deal with, treat

trato deal, agreement

través bend; **a través de** through

trayecto journey, distance, stretch, section

trazar to plan, design, trace

treinta thirty

tremendismo contemporary literary trend

tremendista *mf.* writer who follows "tremendismo"

trémulo tremulous, quivering

tren train; **tren expreso** express train

tres three

tribu *f.* tribe

tribunal tribunal, court; **Tribunal Supremo** Supreme Court

tributo tribute, tax

trigo wheat

trilogía trilogy

triste *mf.* sad, gloomy

triunfar to triumph; **triunfar de** to triumph over

triunfo triumph, victory

triunvirato triumvirate

trolebús trolleycar

trono throne

tropa troop; **las tropas** military troops

tropezar to hit, strike; **tropezar con** to run into

tropiezo stumble, error, obstacle

trozo piece, fragment

tu your, thy

tú you, thou

trucha trout

tumba tomb, grave

Túnez Tunis, capital of Tunisia

túnica tunic

turco Turk, Turkish

turismo tourism, tourist business

turista *mf.* tourist

turístico touring, touristic

turnar to alternate, take turns

Turquía Turkey

U

u or

últimamente finally, recently, lately

último last, latest, final; **a última hora** at the last moment; **por último** at last, finally

un, uno a, an, one

único only, sole, unique; **el único** the only one; **lo único** the only thing

unidad unit, unity

unido united; **Naciones Unidas** United Nations; **Estados Unidos** United States

unificar to unify, unite

uniformador uniforming, standardizing

uniformidad uniformity

unilateral *mf.* unilateral, biased

unir to unite, join; **unirse** to join, be united

universalidad universality

universalizar to universalize

universidad university

universitario university student or professor

uranio uranium

urbanizar to urbanize, to plan a city

urbano urban, urbanistic; **núcleo urbano** heart of a city

urgencia emergency, urgency

urgente *mf.* urgent

usado used, worn out

usar to use, make use of

usual *mf.* usual, accustomed

utilizar to utililize; use

V

vaca cow

vacaciones vacation

vacilación vacillation, hesitation

vacilar to vacillate, hesitate

valenciano Valencian

valentía valor, bravery, courage

valer to be worth, be valued; **valerse** to make use, take advantage

valeroso brave, courageous

validez validity

valido favorite, prime minister

valiente *mf.* valiant, courageous

valor value, worth

valla obstacle, fence

valle *m.* valley, vale

vándalo Vandal

vanguardia vanguard

vanguardista *mf.* vanguardist

vaquero cowboy

variado varied, variegated

variedad variety; **teatro de variedades** vaudeville theater

vario varied, various; **varios** several

vasallo vassal

vasco Basque

vastísimo vast, very large
vecino neighbor, neighboring, near
vegetación vegetation
vegetativo vegetative
vehículo vehicle
veinte twenty
veinticinco twenty-five
vela vigil, sail; **barco de vela** sailboat
velado veiled, hidden
velar to watch, watch over
veleidad caprice, whim
vena vein, inspiration
vencedor victor, conqueror
vencer to vanquish, conquer, excel
vender to sell, sell out, betray
venezolano Venezuelan
vengar to avenge; **vengarse** to take revenge
venido arrived; **bien venido** welcome; **recién venido** just arrived
venir to come; **venir bien** to fit, become; **lo por venir** the future
venta sale, selling, **en venta** for sale; **venta** country inn
ventaja advantage
ventajoso advantageous
ventana window
ventanal church window
ver to see; **tener que ver** to have to do; **verse en** to find oneself in; **verse con** to meet with
veraneante *mf.* summer resident
veraneo summering, vacationing
verano summer
verbena night festival
verdad truth; **en verdad** truly
verdaderamente truly
verdadero true, truthful
verde *mf.* green
verdugo executioner
verificar to verify; **verificarse** to be verified, take place
versátil *mf.* whimsical, versatile
versificación versification
verso verse
vestido clothing, costume, suit, **vestido de noche** evening dress; **el vestido típico** typical, traditional dress; **bien vestido** well-dressed
vestir to dress, wear; **vestirse** to be dressed
vestuario wardrobe, apparel
veterano veteran
veterinaria veterinary medicine or surgery

vez time; **a la vez** at the same time; **a veces** sometimes; **de vez en cuando** once in a while; **en vez de** instead of; **raras veces** seldom; **muchas veces** many times, often; **tal vez** perhaps, maybe; **a su vez** for his part
viajar to travel; **hacer un viaje** to take a trip
viaje *m.* trip, journey; **viaje de ida y vuelta** round trip
viajero traveler, passenger
vicio vice
victoria victory
victorioso victorious
vida life, living; **ganarse la vida** to earn a living
vidriado glazed
vidriera glass window, show case, show window
vidrio glass
viejo old, ancient
Viena Vienna
viento wind
vigilancia watchfulness
vigilar to watch, watch over
vigor vigor; **poner en vigor** to put into effect
vigoroso vigorous
vino wine; **vino blanco** white wine; **vino tinto** red wine; **vino de Jerez** sherry
viña vineyard
violencia violence
violentamente violently
violento violent
violeta violet
violoncelista *mf.* violoncellist
virgen virgin; **la Virgen María** the Virgin Mary
virreinato viceroyalty
virrey *m.* viceroy
virtud virtue
visigodo Visigoth, Visigothic
visigótico Visigothic
visión view, sight; **tener visión** to be inspired
visitante *mf.* visitor
visitar to visit
visto seen, in view; **por lo visto** obviously
vista sight, view; **en vista de** in consideration of; **estar a la vista** to be evident; **a simple vista** at a glance; **a primera vista** at first sight

viuda widow
viudo widower
vivamente lively
vivienda dwelling
vivir to live, live in
vivo alive, living, intense, quick; **color vivo**
  bright color
vocabulario vocabulary
volumen volume
voluntad will
voluntariamente willingly
voluntario willful; volunteer (in the army)
volver to turn, return, come back, give
  back; **volverse de** to return from;
  volverse loco to go crazy; **volverse atrás**
  to back down
votación voting
votar to vote
voto vote, offering, vow; **hacer voto de** to
  promise, vow
vuelo flight; **tomar vuelo** to grow, gain
  importance

vuelta turn, return; **de vuelta** on returning;
  vuelta al mundo trip around the world;
  dar una vuelta to take a stroll

Y

y and
ya already; **ya no** no longer; **ya que** since
yacimiento deposit, field, mine
yanqui Yankee, American
Yebala Djebala, region in N. Morocco
yo I

Z

zahones *mpl.* leather trousers
zamorano Zamoran, from Zamoa
zarzuela Spanish musical comedy
zócalo base of a column, pedestal, or wall
zona zone
zorro fox

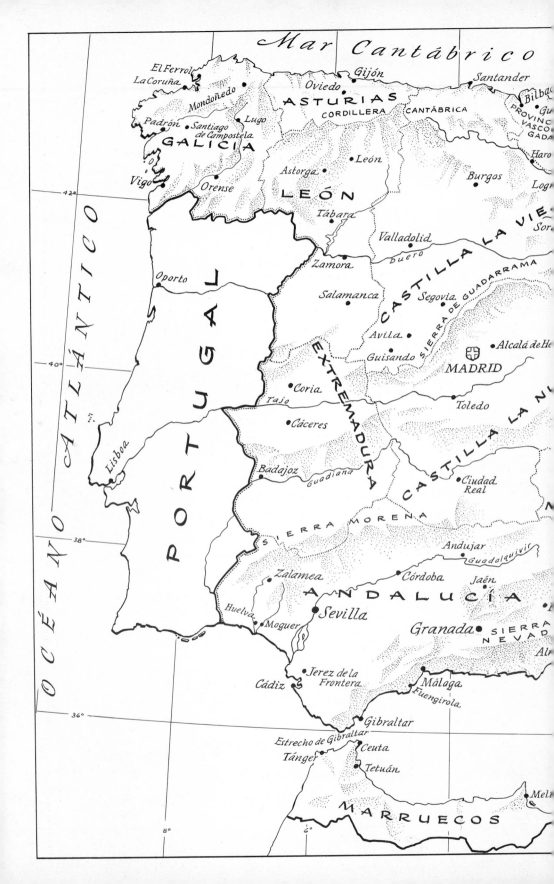